Udo Ritgen

Groß-Falkenau

Udo Ritgen

Groß-Falkenau

*Das Weihnachtszimmer
und andere Erinnerungen
an Ostpreußen*

Langen Müller

Alle Fotos stammen aus dem
Privatarchiv des Autors

Schutzumschlag: Wolfgang Heinzel
Satz: Uhl + Massopust, Aalen
Gesetzt aus: 11/13 Punkt Stempel Garamond
auf Apple Macintosh
Druck und Binden:
Graphischer Großbetrieb Pößneck GmbH
– Ein Mohn-Betrieb –
Printed in Germany
ISBN 3-7844-2743-X

In ehrendem Gedenken
an meine Großeltern und Eltern
und unsere fünf gefallenen Brüder –

Als Dank
an meine stets tapfere, fröhliche
und liebe Frau –

Zur bleibenden Erinnerung
an meine Kinder und Enkel.

Inhalt

Sommerzeit und Erntedank

Da ist zunächst das Land ostwärts des großen breiten Stromes, das, leicht gewellt, durchsetzt von sandigen, aber auch schweren Böden, durch Jahrhunderte von Menschen gehegt und gepflegt wurde, bis es dankbar das Beste gab, was es zu geben imstande war.

Da sind die tiefen Wälder mit ihren Buchen und Eichen, mit ihren Fichten und den schlanken, steilgewachsenen Kiefern, die wie Fackeln in der Sonne leuchten – und über allem ein bezaubernder Duft. Ruhe und Schönheit ergreifen die, die diese Forste durchstreifen.

Und dazwischen blinzeln die blauen Wasser der glasklaren und fischreichen Seen, der stillen kleinen Teiche und Tümpel, meist von grünendem Gebüsch und schützenden Bäumen eingefaßt. Kleine glucksende Bäche und Wasserläufe ziehen zu ihnen hin, verruhen ein wenig und verlassen sie wieder gestärkt.

Das ist das Land, in dem im 13. Jahrhundert die schicksalhafte Begegnung von Deutschen und Pruzzen stattfand und das im 14. Jahrhundert im Schutze des Deutschen Ritterordens durch eine umfangreiche Einwanderung deutscher Bauern, Handwerker und Gewerbetreibender sich fortan einer der gewaltigsten Kulturleistungen in der deutschen Geschichte rühmen durfte. – Die Anlage von dreiundneunzig Städten und über tausend deutschen Dörfern im Deutsch-Ordensland legen dafür ein beredtes historisches Zeugnis ab.

Zu einer dieser Dorfgründungen im Jahre 1313 gehörte auch Groß-Falkenau, das spätere Rittergut, seit Beginn dieses Jahrhunderts im Besitz unserer Familie. Und hier und heute soll nun daran erinnert werden, wie wir alle, groß und klein, inmitten von rund dreißig Familien mit ihren zahlreichen Angehörigen, die des Nebengutes Rasenfeld eingeschlossen, den Sommer, die Erntezeit und das krönende Erntefest vor über siebzig Jahren erlebten.

Die Heuernte war wie immer Ende Juni eingebracht; prallvoll die Böden über den Vieh- und Pferdeställen; ein herrlicher Duft strömt aus den offengehaltenen Luken, damit der Wind es noch weiter trocknen kann. Der Vorrat für den langen Winter muß ja auch lange reichen. Im großen Wirtschaftsgarten reifen die Beeren an den unzähligen Johannisbeer-, Stachelbeer- und Himbeersträuchern, und im Wald in den sonnigen Schonungen, wo sich wieselflink kleine Eidechsen tummeln, duftet es nach Walderdbeeren und Blaubeeren; im Schatten der hohen Bäume aber stoßen die Pilze durchs Erdreich. In diesen sonnendurchfluteten ersten Julitagen gehen Vater, sein Inspektor Kornblum und der getreue und erfahrene Hofmeister Hermann Krause noch einmal durch die Felder, die sich zusehends schnell von Grün zu reifendem Goldgelb färben. Wenn der Wind über das aufstehende Getreide hinweggeht, wogt es wie Wellen auf dem Meer. Kornblumen und roter Mohn leuchten am Wegesrand der Schläge – ein unauslöschliches Bild heimatlicher Sommerzeit. Die Natur ist bereit, ihre Gaben vollends auszuschütten.

»Wann fangen wir an, Krause?« fragt der Vater den Hofmeister. »Ich denk', gnädiger Herr, übermorgen.« Der Inspektor nickt zustimmend. Zuerst kommt der Wintergerstenschlag dran. Noch am Vorabend des Beginns der Getreidemahd dengeln die Männer unten im Gutsdorf unter dicken Linden und Kastanien ihre Sensen; das Ping-Pang-Ping verstummt erst im Dunkel des hereinbrechenden Abends. Die Männer müssen die »Aalwand«, das heißt, den Rand des Feldes, mit der Hand freinähmen, damit nicht die Pferde vor den Flügelmähmaschinen das aufstehende Korn zertreten. Ihnen folgen auf dem Fuße die jungen Mädchen aus dem Scharwerk, die die einzelnen Schwaden aufnehmen und geschickt zu Garben binden; dann kommen am folgenden Tag die Gespannführer mit den Mähmaschinen, oder auch Ablegern, wie sie genannt wurden, deren Flügel das Getreide erfassen und es einem sich hin- und herbewegenden breiten Schneidemesser zuführen. Den pferdegezogenen Binder mit Bindegarn gab es erst später und erst recht den traktorgezogenen; sie nahmen den Arbeitsgang des mühevollen Bindens erst in späteren Jahren ab. Die Einteilung des jungen Scharwerks auf dem Felde ist klar; die erste Gruppe bindet aus Kornhalmen die Schwaden zu Garben; die ihr folgende stellt die Garben zu Stiegen oder Hocken auf; und das Ganze in schön gerader oder gewundener Flucht, damit später nicht die schwerbeladenen Erntewagen im Zickzack fahren müssen. Sind die Reihen krumm und schief, dann rüffelt Hofmeister Krause die Sünder und schimpft: »Alles noch mal aufstelle, aber nicht so wie der Bull' pißt.« Nun, die deutliche Sprache des Landes versteht jeder; Lachen begleitet die Rüge, doch auch auf dem Erntefeld muß Ordnung herrschen. – Ganz besonders eindringlich werden täglich alle Mähmaschinenfahrer darauf hingewiesen, nicht zu »dusseln« und auf die im Kornfeld lagernden Rehkitze zu achten, damit sie nicht in die Messer geraten und Schaden nehmen.

So geht es nun Tag für Tag. Die Felder, auch Schläge genannt, sind groß, die Arbeit des Bindens und Aufstellens der Hocken ist schwer, besonders wenn die Sonne im Zenit steht und unbarmherzig den Schweiß treibt. Dann fahren der Vater und die Mutter mit einem von uns Jungens im Einspänner hinaus aufs Feld, um eisgekühltes und mit Süßstoff versetztes Essigwasser in großen Milchkannen den dürstenden Kehlen zu bringen.

Von morgens sechs Uhr bis abends neunzehn Uhr wird sommertags auf den Feldern gearbeitet, mit eineinhalb Stunden Mittags- und je einer halben Stunde Frühstücks- und Vesperpause. Das in Hocken aufgestellte Getreide muß nun etwa eine Woche stehenbleiben, damit Sonne und Wind das Korn durchpusten und trocknen, denn Darren oder Trocknungsanlagen sind erst Erfindungen späterer Zeiten; und wenn langanhaltende Gewittergüsse die Stiegen durchnäßt hatten, mußte erneut alles umgestellt werden, ja schlimmstenfalls wurden auch die enggebundenen Garben wieder aufgemacht. – Eine harte Arbeit.

Doch endlich ist es soweit. Das Einfahren in die Scheune und Schober kann beginnen. Dazu werden die kurzen Kastenwagen in lange Leiterwagen umgerüstet, um besser das sperrige Erntegut aufnehmen zu können. »Partien« werden gebildet; zu jeder gehören drei vierspännig gezogene Leiterwagen; der erste wird auf dem Feld beladen, der zweite ist unterwegs zum Gutshof und der dritte wird am Höhenförderer in oder vor der Scheune abgeladen. Zu jeder Partie auf dem Felde gehört der Gespannführer des jeweils zu beladenen Wagens, ein »Beistaker« sowie zwei Marjellens auf dem Wagen, die fachgerecht, das heißt »scheen vierkant« zu laden haben. Ferner ein »Weiterfahrer«, der anstelle des Knechts im Sattel sitzt – stets ein Junge zwischen zehn und zwölf Jahren – und der auf Zuruf von Hocke zu Hocke weiterzufahren hat. Und schließlich gehört zur Partie auch der »Hungerharkenfahrer« (Hungerharke ist ein breiter, von einem Pferd gezogener Rechen), der die losen Kornhalme neben und in der Hockenreihe zusammenzuharken hat. – Diese Partie bleibt während der ganzen Einfahrerei, also für das gesamte Einbringen der Ernte, was etwa drei bis vier Wochen dauert, eng zusammen. Sie konkurriert natürlich mit anderen Partien in bezug auf die zu beladenden Fuhren und deren formschöne und saubere Ladung; wehe, wenn unterwegs zum Hof die Ladung verrutscht, teilweise herunterfällt oder gar der ganze Wagen umkippt. »Zaster« von oben und Spott und Hohn untereinander bleiben dann nicht aus. Aber während der Arbeit auf dem Feld geht es bei aller Mühsal auch recht fröhlich zu. Da ist der Gespannführer Albert Hoffmann – seine Tochter ist später »im Hof« als Zimmermädchen angestellt –, der uns Jungens, die wir in der Ernte als Weiterfahrer oder auf der Hungerharke immer mithelfen, gerne auf die Schippe nimmt. »Was macht ihr eigentlich den ganzen Tag in der Schul'? Lernt ihr auch Französisch? Ich kann das auch vom Krieg.« – »Na gut, Hoffmann«, sagt mein Bruder Wolf, »was heißt denn ›das Brot‹?«

Hoffmann, wie aus der Pistole geschossen: »Le peng – weiterfahren!«

»Und was heißt ›die Butter‹?«

»Ha, wenn ihr meint, ich weiß nuscht – la burre – weiterfahren!«

»Und ›die Wurst‹, Hoffmann?«

»Natürlich – sauzis.«

Wir staunen, was Hoffmann noch alles weiß. In dem Moment setzen hinter dem Erntewagen im Stoppelfeld zwei Störche auf, die für ihre Jungen im Falkenauer Nest Frösche und Feldmäuse holen. »Aber Hoffmann, was heißt auf französisch ›der Storch‹?« Jetzt meinen wir, daß wir ihn überlisten können; er hält einen Augenblick beim Aufstaken inne und sagt etwas versonnen: »Das ist doch leicht – de bar.«

Dabei leitet er »de bar« schlicht von »Adebar« ab. Wir lachen laut; ja, wer Albert Hoffmann, dem der Schalk faustdick hinter den Ohren sitzt, fangen will, muß erst noch geboren werden.

Zur Vesperzeit, um halb vier, strömt eine Schar von Kindern und Omas mit Milchkaffee und Schmalzbroten zu den Ladepartien; die Kinder natürlich barfuß, die Omas, weil die Stoppeln ganz schön piken, mit »Schlorren«. Die Familienmütter zu Hause im Gutsdorf sind derweil mit der Fütterung ihres eigenen Viehs und der Zubereitung des Abendbrotes für die Ihren beschäftigt. Im Schatten der Getreidehocken wird eine halbe Stunde ausgeruht, dann geht es weiter bis zum Feierabend, der Menschen, Pferde, Vieh die unerläßliche Ruhe bringt. Die Frösche im Parkteich sind anfangs noch mit ihrem Quakkonzert beschäftigt, hier und da der Schrei eines Käuzchens und auch der Pirol, die ostpreußische Nachtigall, stellt langsam seinen Gesang ein. Über allem prangen der weite Sternenhimmel und die Mondsichel. Eine wahrhaft himmlische Stille breitet sich aus.
Ein Tag folgt dem anderen, bald sind die Fel-

der leer, es geht auf Mitte August zu; bei den Nachbarn in Januschau, Brausen und Faulen ist es ähnlich, man verfolgt das genau. Die Ernte ist eingebracht in der riesengroßen weißen Scheune, und wenn der Platz nicht ausreicht, wird noch kunstvoll ein runder Staken errichtet. – Mit Freude und Spannung wird in der Einfahrt zum Gutshof das letzte Fuder des Jahres erwartet. Nach alter Sitte wird es mit Wasser begossen. Mit Kübeln und Eimern steht jung und alt an der Toreinfahrt bereit, und da kommt es schon unter den dicken Linden des Brausener Weges herauf; zuerst noch im Schritt; der jüngste Gespannführer im Sattel weiß aber, was ihm blüht, trabt an und geht dann mit dem vierspännig gezogenen letzten vollbeladenen Erntewagen zum gestreckten Galopp über, haarscharf die Einfahrt auf den Hof anvisierend. Die Laderinnen, unsere Marjellens oben drauf, juchzen und ducken sich und schon fliegt unter lautem Jubel die Schüttung über Pferde, Knecht und Wagen. Ein Mordsspaß, der in Sekunden vorüber ist, aber jedes Jahr von neuem Freude bereitet; ist es doch der erste Abschluß der oft mühevoll eingebrachten Getreideernte.

Am gleichen Tag sagt der Vater für den kommenden Sonnabend das Erntefest an. Dafür sind eine Menge Vorbereitungen zu treffen. Der Speicher, in dem noch Korn vom Vorjahr liegt, ist herzurichten; ebenso sind Tische und Bänke vom Stellmachermeister Bach aufzustellen und vor allem ist die Musik zu bestellen, um die sich zu etwa gleiche Zeit die Nachbargüter reißen. Die Beschaffung von Bier und Schnaps beim Gastwirt Willkomm im nahe gelegenen Dorf Charlottenwerder macht dagegen keine Schwierigkeiten.

Dann bricht der Tag des Erntefestes an. Dieser Sonnabend bleibt weitgehend arbeitsfrei. Ein Erntewagen wird beladen und mit bunten Bändern geschmückt, die Pferde werden immer wieder gestriegelt und gebürstet; ihr Geschirr mit dem ovalen Namensschild »Dominium Groß-Falkenau« auf Hochglanz gebracht.

Währenddessen wird der unweit des Herrenhauses liegende große Speicher in einen Festsaal verwandelt. Birkengrün umrahmt den Eingang, drinnen sind die runden mächtigen Stützpfeiler, die die Decken der oberen Kornböden tragen, mit Spargelgrün anstelle von Asparagus verkleidet und mit leuchtenden Dahlien und Astern geschmückt; an den Wänden Eichen- und Buchenzweige; all das verbreitet einen wundersamen festlichen Duft.

Inzwischen, um halb vier Uhr nachmittags, hat sich unten im Gutsdorf die Belegschaft mit den Familien versammelt; die Männer in dunklen Sonntagsanzügen, die jungen Burschen im offenen weißen Hemd, die Frauen und Mädchen in hellen Blusen und bunten Rökken. Inspektor Kornblum und Hofmeister Krause ordnen das Ganze. Die beiden jungen Vorarbeiterinnen aus dem Scharwerk auf dem festlich geschmückten Erntewagen präsentieren sich ganz in Weiß mit Kornblumengeflecht im Haar. Therese Neujahr hält die Erntekrone, Martha Pohl den Erntekranz in der Hand. Dann setzt sich der Zug zum Herrenhaus in Bewegung. Vorneweg die Blasmusik, dann der herrliche Erntewagen vierlang bespannt und ihm folgend unsere Falkenauer, Rasenfelder und Willenbrucher Leute, die bei oder »Herrschaft« – so wird unsere Familie kurz und bündig genannt – in Brot, Arbeit und Obhut stehen.

Währenddessen erwarten die Eltern, wir Kinder und das Hauspersonal auf der Freitreppe den heranrückenden Festzug. Mit dem »Fridericus Rex« – Wunsch des Vaters – biegt er nun in die Einfahrt zum Herrenhaus ein. Welch ein herrlicher Anblick! Die Menschen formieren sich, den Erntewagen in die Mitte nehmend, im Halbkreis vor der Treppe. Dann spielt als erstes die Musik den Choral »Lobe den Herren«. Jeder kennt die erste Strophe und dabei bleibt es dann auch. Danach werden die beiden Mädchen mit Krone und Kranz vom Erntewagen heruntergehievt. Von der Sonne auf dem Felde braungebrannt und vor Aufregung mit kleinen Schweißperlchen auf Stirn und Nase treten sie mit artigem Knicks vor die Eltern, um Krone und Kranz zu überreichen. Und Therese beginnt, dem Vater zugewandt:

»Die Krone aus der Feldes Ähren
mit bunten Bändern reich geschmückt.
Soll unsere Herrschaft heute ehren,
zum Danke, daß die Ernt' geglückt.

Sie ist die schönste auf der Welt
und leuchtet golden in der Hand.
Bezahlbar ist sie nicht mit Geld
hier – wie im ganzen Vaterland.

Drum woll'n wir feiern Erntefest
und danken Gott dem güt'gen Herrn,
der alles hat bestellt aufs Best',
er schütze weiter uns auf Erd'n.«

Erneut ein Knicks und Therese überreicht dem Vater die Erntekrone von Groß-Falkenau. Dann tritt Martha vor unsere Mutter:

»Den Kranz aus allen Ähren unserer Felder
erhält die liebe gnäd'ge Frau.
Ihr Herz, sie schenkt's uns oftmals selber,
wenn's auf den Stoppeln zuging rauh.

Rund ist der Kranz und bunt dazu,
umschließt er unsere Familien.
Heut' haben wir von der Arbeit Ruh',
dazu vom Teich im Park die Lilien.«

Gottlob, das ist geschafft. Die Mutter nimmt den Kranz entgegen. Keines der Mädchen ist steckengeblieben. Man spürt förmlich, daß viele Steine von den Herzen aller poltern. Vater und Mutter nehmen beide Marjellens herzlich in die Arme, hier und da wischt sich einer vor Rührung die Tränen aus den Augen. Krone und Kranz gehen zunächst zum festlich geschmückten Speicher und werden später in die große Diele des Herrenhauses gebracht, wo sie nun die vorjährigen ersetzen.

Jetzt ergreift der Vater, Herr des Dominiums Groß-Falkenau, zu einer kleinen Ansprache an alle Versammelten das Wort. Er unterstreicht die Bedeutung der gut eingebrachten Ernte für alle Menschen in unserer Heimat und unserem Vaterland; er lobt bewiesenen Fleiß, vorbildliche Ausdauer und stete Zuverlässigkeit aller, die zum Gelingen des Einbringens der Ernte beigetragen haben, und er weist auch darauf hin, daß der Herrgott sichtbar über allen seine schützende Hand gehalten und uns vor Hagel, Feuer und anderem Ungemach bewahrt hat. Dafür sei ihm zu danken. Die Musik setzt ein und spielt »Großer Gott wir loben dich, Herr wir preisen deine Stärke«.

Alle singen bewegten Herzens mit, jeder

fühlt sich angesprochen, vergessen sind die umgekippten Fuder oder andere kleine Mißgeschicke. Jeder weiß um die Müh' und Plag' auf den Feldern bei Hitze und bei Gewittergüssen und in der stickigen Luft in den Fächern der Scheune oder am ratternden Höhenförderer.

Doch nun geht's mit Musik zum festlich mit Girlanden geschmückten Speicher: Kaffeeschmaus. Auf den von Meister Bach zusammengefügten Tischen warten große Tabletts mit köstlichem Streusel- und Pflaumenkuchen auf die vielen hungrigen Mäuler. Dazu gibt's in großen Kannen Milchkaffee und für die Kinder Kakao. Die Eltern und wir, der Inspektor und Eleve sowie der Lehrer Schulz mit seiner Familie haben ihren Platz inmitten des Speisesaals auf einem kleinen Podest, damit auch alles schön überschaubar bleibt. Uns gegenüber, nur wenige Meter entfernt, die sechs Mann starke Blasmusik, die diese Kaffeezeit mit ländlichen Melodien untermalt. Bier und Schnaps – die Theke im Vorraum des Speichers steht unter Aufsicht des Hofmeisters Krause – werden erst um zwanzig Uhr ausgeschenkt, weil viele noch ab siebzehn Uhr ihre täglichen Pflichten zu erfüllen haben. Die Schweizer haben über hundertzwanzig Stück Kühe zu melken, Kutscher und Gespannführer die Pferde zu füttern und zu tränken und auch auf den Schweinemeister Rogas warten fünfzig bis siebzig Stück grunzendes Borstenvieh; gleiche Aufgaben stellen sich auch unseren Familien im Gutsdorf; alle besitzen sie eine Kuh, mehrere Schweine und jede Menge Geflügel. Alles will – auch am Erntefest – wie an allen Feiertagen des Jahres versorgt sein. Schlüssel umdrehen, abhauen, feiern – für die damalige Zeit unvorstellbar.

Aber dann um acht Uhr abends ist es soweit; alle sind wieder da. Der alte Ehrlichmann mit seiner Frau vom Vorwerk Willenbruch hat vorsorglich eine Stallaterne für den späten Heimweg mitgebracht. Der Petroleumdunst mischt sich mit anderen Düften im Speichersaal. Jetzt spielt die Musik zum Tanz auf.

Polka, Walzer, Rheinländer und »Schieber«; letzteren würden wir heute auf neudeutsch »Foxtrott« nennen. Er ist besonders für die älteren, ungelenken Männer geeignet. Klar, zum ersten Tanz holt unser Vater Therese, die ihm die Erntekrone überreicht hat; während der

Hofmeister Krause die gnädige Frau auffordert. Undenkbar, daß diese Reihenfolge nicht eingehalten wird; es würde in Groß-Falkenau nichts mehr stimmen und »das is unmeglich«. In rascher Folge wechseln die Tanzpaare, Bier und Korn und Wacholderschnäpschen heizen die Stimmung an. Die gerade noch, dank altertümlicher Brennscheren – vielleicht stammen sie noch aus der Deutsch-Ordenszeit – wundersam gelockten und gekräuselten Frisuren der Marjellens werden zusehends glatter. »Macht nuscht«, meint die Erna, der der Schweiß von der Stirne rinnt. »Hauptsach', wir können tanzen.« Und weiter wirbeln alt und jung über den immer wieder mit Talg geglätteten Tanzboden. – Gegen halb elf gibt es eine Schnaufpause; sie wird für eine kleine Aufführung genutzt, die sich unsere junge, die Mutter unterstützende Haustochter Annemrie Horn aus Berlin ausgedacht hat. Wir drei Jungens und unsere kleine Schwester Fee treten in Getreidegarben mit bunten Bändern verschnürt auf der Tanzfläche auf. Wir können gerade die Köpfe herausstrecken, um unsere Sprüchlein zu sagen. Hier jeweils nur der erste Vers:

UDO Ich bin der lang' und kräftig'
Roggen
er bringt uns unser täglich Brot.
Laßt heute uns daher frohlocken,
die Scheun' ist voll, es leidet niemand Not.

WOLFGANG Ich bin der Weizen, ährenschwer
mit mir gibt's sonntags Streuselkuchen.
Die Festtagstisch' sind auch
nicht leer,
kein Mensch braucht jetzt den
Bäcken suchen.

EGON Ich bin der Hafer gülden gelb
und schaff' die Kraft für unsere
Pferde.
Ihr Glanz – der schönste auf der
Welt,
für sie zu sorgen: unsere Ehre.

FELICITAS Ich bin die Gerst' mit langen
Grannen
wenn ich nicht wär', dann gäb's
kein Bier.

Auch unsre Schweinchen
schmatzend ahnen
das Schrot im Trog ist auch von
mir.

Aufmerksam haben alle zugehört, großer Beifall und Jubel, in den sich der Jodler unseres alten, aus Oberbayern stammenden, Oberschweizers, Joseph Rottach einmischt. Dann geht der Tanz weiter. Wilhelm Zyrull, erster Gespannführer des Nebengutes Rasenfeld und unbestritten bester Tänzer, fordert jetzt unsere Mutter auf und legt beim »Rheinländer« ein Tempo vor, das ihr den Atem verschlägt. Bald ist Mitternacht; erneut eine Unterbrechung, die besonders einigen jungen Streithähnen an der Theke guttut. – Polonaise – Musik voran durch den Gutspark. Inspektor Kornblum führt sie an und weist den unter dicken Linden-, Ahorn- und Akazienbäumen führenden Weg, am Eiskeller und Parkteich vorbei. Vor Schreck vergeht den Fröschen jetzt das Quaken. Wieder zum Speicher zurück, stellen einige Mütter der Marjellens aufgeregt fest: »Mei Gottje, wo ist denn bloß die

Erna und das Lieschen, ja und die Trude und die Martha? Aber um Gottes willen, da fehlen noch mehr: der Willi, der Paul, der Fritz und der Ernst, wo sind denn die all jeblieben?«

Meint eine andere: »Hast im Dustern nicht die vielen Bänk' am Teich gesehen, die werden sich da 'n bißchen verruhen.«

Eine andere: »Nee, das kommt mich komisch vor mit dem Verruhen auf der Bank, mitten in de Nacht ist das so 'ne Sach'.«

Die besorgte Unterhaltung beendet dann eine dritte: »Quasselt doch nicht so dammlich, die kommen schon wieder, und übrigens, Erntefest is Erntefest.«

Eine Stunde später sind die schon Verlorengeglaubten wieder da, mischen sich unauffällig unter die Tanzenden, die Burschen etwas freieren, die Marjellens etwas gesenkteren Blickes.

»Ob was war oder ob nuscht war, das liebe Gottchen wird's schon wissen«, meint eine der Mütter mit der Weisheit des Alters; vielleicht aber wissen es auch die Sterne über dem nächtlichen Parkhimmel von Groß-Falkenau, die seit Ewigkeiten zum Schweigen verpflichtet sind.

Das Fest geht dem Ende entgegen; draußen bricht vorsichtig tastend die Morgendämmerung des Sonntags an; die Herrschaft ist schon zu Bett gegangen und überläßt das Ende des Festes ihren getreuen Stützen. In den Vieh- und Pferdeställen geht es ohne Schlaf an die selbstverständliche Fütterung.

Als an diesem Sonntagmorgen die Glocken der alten Ordenskirche in Rosenberg über das weite Land läuten, erreicht ihr Ruf die vom Erntefest Ermüdeten nur undeutlich. Der Weg zum Gottesdienst ist weit, aber der Herrgott weiß es ja: Erntefest ist Erntefest; da muß er schon ein Auge zudrücken, zumal seiner zu Beginn ehrfürchtig gedacht wurde.

Damals glaubten wir alle, wir würden bis in alle Ewigkeit im Deutsch-Ordensland fleißig arbeiten, erfolgreich ernten und fröhlich feiern können. – Von Generation zu Generation – wie 750 Jahre zuvor. Aber der Himmel hat es anders gewollt. Dürfen wir uns deshalb von ihm wenden? Dürfen wir ihm deshalb zürnen? – Die Erinnerung hat er uns gelassen, sie kann uns niemand rauben, dafür sei ihm unendlicher Dank.

Das Schwesterlein

Es war im Januar 1922, ein eiskalter Winter. Unser Vater hatte seinen drei Jungen, sechs-, vier- und dreijährig, in seiner Art beigebracht, daß wir demnächst ein Geschwisterchen bekommen würden. Das fanden wir unserem Alter entsprechend nicht sonderlich interessant, aber wir wußten, daß sich in wenigen Tagen etwas ereignen würde. Dann kam der 29. Januar, und unser Kutscher August Gruhn mußte den Schlitten anspannen, um aus der Kreisstadt Rosenberg Frau Wendt zu holen, die im gesamten Umfeld von Rosenberg als Hebamme fungierte.

Frau Wendt wohnte in einem kleinen Haus neben der Ordenskirche, das auch das Blücherhaus genannt wurde. In diesem Haus war 1807 der in französische Gefangenschaft geratene General Blücher gebracht worden, der gegen in einen in preußische Hand gefallenen französischen General ausgetauscht werden sollte. Den Austausch selbst nahm der Kaiser Napoleon, der zu dieser Zeit auf Schloß Finkenstein residierte, vor. Blücher mußte damals, so weist die Geschichte aus, mehrere Tage warten, bis es zu der Audienz bei Napoleon kam. Schloß Finkenstein lag nur wenige Kilometer von Rosenberg entfernt. In diesem geschichtsträchtigen Haus wohnte Frau Wendt, die neben ihrer Tätigkeit als Geburtshelferin auch noch Stuben-, Zimmermädchen und Mamsellen an die umliegenden Güter vermittelte.

Frau Wendt erreichte bei klirrendem Frost und schneeverwehter Straße im Schlitten Groß-Falkenau. Als sie sich an das Wochenbett meiner Mutter begab, wurden wir in unser Spielzimmer verbannt, ohne zu wissen, was vor sich ging. Wir wollten das auch gar nicht wissen.

Nach einiger Zeit aber kam der Vater zu uns mit glückstrahlendem Gesicht und sagte: »Jungs, ihr habt soeben ein Schwesterchen bekommen.« Die Freude unseres Vaters und unserer Mutter haben wir erst viel später wahrgenommen, als wir die Eltern fragten, warum sie das Schwesterlein Felicitas genannt hätten. Dieser Name war uns total ungeläufig, weil die kleinen Mädchen unserer Dorfleute ja alle anders, zum Beispiel Emma, Maria oder Anna hießen. Vater erklärte uns, daß Felicitas ein lateinischer Name sei und zu deutsch »Glück« bedeute. Das Glück der Eltern war tatsächlich unbeschreiblich groß, denn nun war die Kette von drei Jungs unterbrochen, und nichts sehnlicher als das hatten sich die Eltern gewünscht.

Der 1927 geborene Bruno, nach meinem Vater benannt, bildete dann den Schlußstein im Jungenskral.

Nachdem Frau Wendt ihre Tätigkeit beendet hatte, führte uns der Vater ans Bett der Mutter, die das kleine Wesen im Arm hielt. Das nahmen wir schlicht und ohne besondere Empfindung zur Kenntnis.

Viel interessanter für uns Kinder aber wurde nun folgendes: Es ging nun um die Erstattung für die Tätigkeit von Frau Wendt. Sie erklärte rundheraus, daß sie kein Geld haben wolle, weil das sowieso nichts wert sei. Was nun? Unser Vater machte ihr das Angebot, ihr ein kleines Schweinchen zu geben, womit sie sofort einverstanden war. Der Schweinemeister wurde beauftragt, ein kleines Ferkel im Sack ins Haus zu bringen. Die Übergabe fand in der großen Gutsküche statt, in der sich alles versammelt hatte. Inmitten des großen Kreises stand die robuste und voluminöse Frau Wendt.

Mein zweiter Bruder Wolf wollte noch einmal das im Sack quiekende Ferkel sehen. Dieser Wunsch wurde ihm erfüllt. Der Sack wurde aufgemacht und mit einem gewaltigen Satz sprang das Ferkel heraus, raste in der großen Küche um den Herd und aus der Küchentür heraus in den großen Flur. Alles jagte hinterher, um den Ausreißer zu fangen, der natürlich auch einige Spuren hinterließ. Das Tohuwabohu war groß, das Geschrei und das Stimmengewirr ebenso. Schließlich war der Flüchtling wieder eingefangen, in den Sack gesteckt, der jetzt aber zugebunden wurde, und Frau Wendt begab sich mit der großen Hebammentasche in der Linken und in der Rechten den Sack mit dem rosaroten Schweinchen in den Schlitten. Einer von uns Jungen ermahnte sie, bald dem Schweinchen etwas Nahrhaftes zu fressen zu geben.

Unser kleines Schwesterchen wuchs heran und wurde voll in unseren Jungenclan eingebunden. Sie mußte mit uns Eisenbahn spielen, Burgen aufbauen und vieles andere mehr tun, was uns interessierte.

Die Mutter allerdings war immer bemüht, sie auch für Puppen und den Puppenwagen zu interessieren. So ganz wollte das anfangs nicht gelingen, weil wir Jungens ja in der Überzahl waren und mit Puppen wirklich nichts im Sinne hatten.

Eines Tages wurde bei Tisch gesagt, wir müßten einen Hasen im Garten haben, der ständig am Rosenkohl herumnagt, und wenn der nicht gefangen würde, gäbe es in Kürze diesen Kohl nicht mehr. Wir Jungens erklärten uns sofort bereit, den Hasen aufzustöbern, und wenn möglich, ihn auch zu fangen. Es wurden noch einige Spielgefährten herangeholt, und die Treibjagd konnte beginnen.

Dabei gab es nur eine Schwachstelle. Im großen, das Feld abgrenzenden Gartenzaun, gab es ein Loch. Unsere Vermutung, daß Meister Lampe genau dieses Loch kannte, wo er notfalls das Weite suchen konnnte, mußte also abgesichert werden. Wen stellten wir vor das Loch? Unsere kleine Schwester, mit einem Stock bewaffnet. Nach ganz kurzer Zeit hatten wir den Hasen im Rosenkohlfeld aufgestöbert, und in weiten Hakensprüngen rannte er auf das ihm wohlbekannte Loch im Zaun zu. Vor diesem stand aber unsere kleine Schwester. Mit lauter Stimme riefen wir ihr zu: »Aufpassen, aufpassen!« Der Hase im ersten Anlauf irritiert, weil das Loch versperrt war, schlug erneut einen Haken und dachte wohl, jetzt oder nie. Er nahm einen zweiten Anlauf geradewegs auf unser Schwesterlein zu. Eh es sich's versah, rannte der Hase sie um und flutschte zwischen ihren Beinen durch und erreichte die goldene Freiheit. Empört über solche Fehlleistung bei der Bewachung des Loches, bekam sie von einem von uns Jungens eins hinter die Ohren. Sie weinte, wir trösteten sie, sie gelobte Besserung und damit war der Fall für uns ausgestanden.

Ein andermal im Sommer beauftragte uns unser Vater für eine Bowle Walderdbeeren zu suchen. Wir fuhren mit unserem Ponywagen mit der kleinen Schwester und weiteren Spielgefährten in unseren großen Wald, um dort die gewünschten Erdbeeren zu suchen. Als wir an den bekannten Stellen angekommen waren, ging plötzlich vom Wagen ein Rad ab. Alles Suchen nach der verlorenen Radnabenschraube war vergeblich. Es blieb uns nichts anderes übrig, einer mußte zur Gutsschmiede zurücklaufen, um eine neue Radmutter zu besorgen. Wir setzten uns im Kreis zusammen und dann fiel die Entscheidung: Die kleine Schwester mußte zurücklaufen. Das war immerhin ein Weg von einer knappen Stunde hin und zurück. Damals hatten wir noch nicht das Gefühl, daß sich so nur die Räuber vom Spessart verhalten können. Erleichtert wurde allerdings unsere unfaire Entscheidung dadurch, daß unsere kleine Schwester keinen Widerspruch einlegte. Nach eineinhalb Stunden war sie wieder da mit der neuen Radmutter, sagte aber, daß der Schmiedemeister fürchterlich geflucht hätte, weil wir sie alleine losgeschickt hätten. Die Tatsache, daß seine zwei Jungens mit dabei waren, verschlimmerte noch die ganze Angelegenheit. Inzwischen hatte auch zu Hause der Vater von unserem Verhalten Wind bekommen, und als wir mit vielen schönen Walderdbeeren nach Hause kamen, gab's für uns Jungens ein ziemliches Donnerwetter, was wiederum unserer kleinen Schwester leid tat. Wir mußten uns dann noch längere Ausführungen unserer Eltern anhören, wie sich Jungens gegenüber kleinen Mädchen zu verhalten hätten.

Die Zeiten gingen weiter, aber wir behielten die Standpauke der Eltern von unserem besagten Waldausflug in bleibender Erinnerung.

Viele Jahre später hatte sich alles verändert. Wir gingen in Deutsch Eylau ins Gymnasium und die kleine Schwester ins Lyzeum, da tauchten andere Probleme auf. Sie wurde von uns zum Postillon d'amour ernannt und mußte kleine Briefchen von uns an ihre Schulkameradinnen und umgekehrt »befördern«. Das tat sie mit Wonne, weil sie dadurch auch zum Mitwisser unserer kleinen Liebeleien avancierte. In dieser Zeit hüteten wir unser

Schwesterherz wie einen Augapfel. Das blieb auch lange Zeit später so, bis der unselige Krieg unsere Familie in schwerster Weise traf. In diesen schlimmen Zeiten mußte sie dreimal Vater und Mutter trösten, als diese die Nachricht über den Tod der Söhne erhielten. Und schließlich führte sie mit unserem Vater – die Mutter hielt sich zu der Zeit bei ihrer Mutter in Westfalen auf – den Treck aus der Heimat mit über sechzig Familien über die Weichsel in den freien Westen.

Noch einmal hatten sie und wir unwahrscheinliches Glück. Als Ende Januar 1945 unser großer Treck das Westufer der Weichsel erreicht hatte, erkrankte mein Vater und übergab die Weiterführung der Treckkolonne einem unserer Beamten. Ich war damals mit meiner Division im Raum Dirschau–Graudenz zur Verteidigung des Weichselufers eingesetzt und fand Vater und Schwester in Preußisch Stargard vor.

Es erhob sich die Frage, auf welchem Wege die beiden nach Westen gelangen könnten. Ich schlug vor, weil die Zugverbindung unterbrochen war, den Weg über See zu nehmen. Ich brachte beide nach Gotenhafen, wo an der Pier drei große Schiffe lagen, die »Gustloff«, die »Deutschland« und die »Hansa«. Als wir dort ankamen, stellten beide an mich die Frage, welches Schiff ich ihnen empfehlen würde. Ich sagte ihnen, die »Gustloff« sei das neueste und schnellste Schiff, sie willigten ein, und wir packten aus meinem Wagen die wenigen Habseligkeiten aus.

In diesem Augenblick kamen zwei Matrosengefreite vorbei, wandten sich an mich und sagten: »Können wir Ihnen helfen, Herr Major?«

Ich bedankte mich, die beiden nahmen die Koffer und gingen an der »Gustloff« vorbei, so daß ich ihnen zurief: »Wo wollt ihr denn hin, wir wollen auf die ›Gustloff‹.«

Darauf antworteten sie: »Wir sind aber von der ›Deutschland‹.« Wir beließen es dabei und beide sind wohlbehalten im Westen angekommen. Als ich am folgenden Tage von der »Gustloff«-Katastrophe hörte, war ich tief betroffen und keiner hat mir bis heute gesagt, ob die beiden Matrosengefreiten Schutzengel waren oder ob der Himmel es anders gewollt hat.

Der herrschaftliche Kutscher

In unserer Heimat gab es auf allen Rittergütern und Adelssitzen einen Kutsch- und Reitpferdestall, dem ein Kutscher vorstand. So auch in Groß-Falkenau und auch auf allen Nachbargütern.

Dem Mann, dem diese Zeilen gelten, in Erinnerung und Dankbarkeit, war August Gruhn. Die Erinnerung reicht zurück in den Beginn der zwanziger Jahre, als es noch keine Autos gab und die Kutschgespanne und Reitpferde das herausragende Beförderungsmittel waren. August Gruhn, ein mittelgroßer Mann mit weißem Haar und stets gepflegtem, silbergrauem Backenbart, mit stahlblauen Augen und einer leicht gekrümmten Hakennase hätte ein Abkömmling der Pruzzen aus früheren Jahrhunderten sein können, die das Oberland von Elbing bis Osterode bewohnten. Ihm oblagen im Kutschstall die Wagenpferde Jupiter und Achill sowie die Reitpferde Zeus und Isidor. Außerdem hatte er in einer Box im Kutschstall für den Hengst Marschall zu sorgen, dem Vater vieler Fohlen und Pferde in Groß-Falkenau. Zusätzlich befanden sich in diesem Kutschstall noch zwei geräumige Boxen für die Mutterstuten, die im allgemeinen im Februar und März ihre Fohlen zur Welt brachten. Hinter diesem Kutsch- und Pferdestall anschließend lag die Wagenremise (Garage) mit den verschiedensten Wagen für den guten Gebrauch wie auch für Fahrten in Feld und Wald. Dieser Remise vorgelagert war ein Geschirraum für Sommer und Winter sowie ein Schrank, wo Gruhn seine Kutschermontur aufbewahrte. Sie war kaffeebraun mit silbernen Knöpfen, und bei besonderen Fahrten mußte Gruhn auch den Zylinder aufsetzen, statt der sonst wohlgeformten Schirmmütze. All dies zeigt, was der Kutscher in Groß-Falkenau zu tun hatte und was er instandhalten mußte. Zu den Wagen gehörten natürlich auch im Winter mehrere Schlitten.

Der Kutscher war wohl auf dem Rittergut Groß-Falkenau die Person, die das höchste Vertrauen seiner Herrschaft besaß. Natürlich hörte er bei allen Fahrten im Sommer wie im Winter die Gespräche der Familie mit. Er hörte Kritik an Menschen, die auf dem Gut in Arbeit waren, er hörte aber auch das Lob für diejenigen, die vorbildlich ihren Pflichten nachkamen. Er vernahm Freud und Leid, kurzum, wenn er auf dem Bock seines Wagens oder Schlittens saß, war er fast ein Mitglied der Familie.

Bei besonderen Anlässen, wenn die Eltern im Herrenhaus für ihre Freunde und Bekannte ein Festmahl gaben und der große Eßsaal mit seiner Tafel wunderschön von meiner Mutter geschmückt war, fungierte Gruhn als Mundschenk. Dazu hatte er sein kaffeebraunes Kutscherkleid an und über seine braungebrannten harten Hände weiße Handschuhe gezogen.

Seine Getränke, die er sich wohlgeordnet in der sogenannten Anrichte, einem Raum vor dem Saal, zurechtgestellt hatte und im Rahmen der Tür nur auf ein Zeichen zum Nachschenken wartete, behielt er gut im Auge. Wir

Kinder hatten im Eßsaal an einem solchen Abend nichts zu suchen, durften aber im Nachthemd durch einen Türspalt in den Saal hineinsehen und Gruhns Bemerkung, wenn er mit der leeren Flasche zurückkam, registrieren.

Wenn eine Flasche leer war, hielt er die Flasche gegen Licht und sagte nur lakonisch: »All wieder eine leer!« oder aber »Der Landrat, der Kerl, säuft gut!«.

Wenn das Festmahl vorbei war, war Gruhns Aufgabe als Mundschenk beendet, aber nicht seine Pflicht, sich um seine Kutscherkollegen, die den Abend in der Kutscherstube zubrachten, zu kümmern. Dies dauerte im allgemeinen so lange, bis zum Aufbruch der geladenen Gäste gerufen wurde. Jetzt mußten alle Kutscher unter Leitung von Gruhn die Pferde vor ihren Wagen wieder anspannen, die Lichter an den Wagenlaternen anzünden und hintereinander vor der Terrasse des Herrenhauses vorfahren. Die Pferde, die genau wußten, daß es jetzt nach Hause ging, tänzelten ungeduldig hin und her, so daß es für die Damen und Herren oft gar nicht so einfach war, wieder in ihre Wagen zu gelangen.

Als eines Tages ein politisches Volksbegehren, es kann auch ein Volksentscheid gewesen sein, zur Diskussion stand, hatte der Inspektor, der erste Gehilfe des Vaters, bereits eine Liste all derer angefertigt, die mit »Ja« oder »Nein« abzustimmen hatten. In dieser Liste waren jeder Mann und jede Frau mit Vornamen, Nachnamen, Geburtstag und Beruf aufgeführt. Der Inspektor hatte zur Vereinfachung der ganzen Angelegenheit schon alles gut vorbereitet, so daß die Leute eigentlich nur ihre Namen hinzufügen mußten. Als Gruhn an die Reihe kam, kontrollierte er erst, ob alle Angaben stimmten, und erklärte dann, daß er seinen Namen nicht hinter seine Rubrik setzen wollte. Auf die Frage des Inspektors, warum er nicht unterschriebe, antwortete er: »Sie haben meinen Beruf falsch angegeben, ich bin nicht ein Kutscher, sondern ein herrschaftlicher Kutscher; Kutscher kann jeder sein.« Dieses kleine Hindernis konnte schnell aus der Welt geräumt werden, aber spätestens ab diesem

Zeitpunkt war Gruhn ohne Zweifel ein »herrschaftlicher Kutscher«.

Diese Bezeichnung hätte er auch schon früher verdient. Als mein Vater nach einer argen Verwundung im Ersten Weltkriege wieder garnisondienstfähig geschrieben wurde, mußte er halbtags in Deutsch Eylau bei seinem Ersatztruppenteil Dienst tun. Dabei ereignete sich folgendes: Ein Kamerad von ihm hatte Geburtstag, und diesen Geburtstag feierte man sehr ausgiebig. Leicht angesäuselt fuhr er mit dem Zug von Deutsch Eylau nach Charlottenwerder, unserer Bahnstation, zurück, wo ihn Gruhn mit Pferd und Wagen erwartete.

Gruhn erkannte sofort, daß mit seinem jungen Herrn, der zu dieser Zeit etwa neunundzwanzig Jahre alt war, etwas nicht in Ordnung war. Auf dem Weg nach Groß-Falkenau überlegte er, was zu tun sei, denn er war der Meinung, daß er meinen Vater in dieser Verfassung nicht seiner jungen Frau nach Hause bringen konnte. In Rasenfeld, einem Nebengut von Groß-Falkenau, bog er in einen Landweg ab, an dem der Gutsfriedhof auf einer kleinen Anhöhe lag. Der Friedhof war mit vielen Bäumen bestanden, vor allem Linden und Kiefern, und hier suchte sich Gruhn die schönste und dickste Linde aus, die es dort gab. Er geleitete den Vater aus dem Wagen, legte ihn unter die dicke Linde und deckte ihn mit einer Decke zu. Mütze, Offiziersschärpe und Degen nahm er ihm ab und versteckte sie unter dem Tambour des Wagens – Tambour war ein Lederschurz, der die Fahrer vorne auf dem Bock vor Wind und Regen schützen sollte – und fuhr schnurstracks vor das Herrenhaus in Groß-Falkenau. Dort erwartete auf der Treppe meine Mutter ihren Mann und rief dem Kutscher zu: »Gruhn, wo haben Sie denn meinen Mann gelassen?«

Er antwortete prompt: »Der hat mich aus dem Zug zugerufen, daß er noch zum Landratsamt muß, er kommt abends mit dem Sechser« (Sechsuhrzug). Gruhn fuhr nach dieser Auskunft, die meine Mutter wohl überraschte, ihr aber nicht unglaubwürdig erschien, zurück in den Kutschstall, spannte die Pferde aus und verwahrte die Utensilien des Vaters in seiner Futterkiste, die er sorgfältig abschloß. Dann fuhr er am Abend zeitgerecht wieder in Richtung Bahnhof, erschien aber auf dem Friedhof, wo mein Vater inzwischen halbwegs seinen Rausch ausgeschlafen hatte. Mit einer kleinen Verweilpause fuhr er mit ihm, als wenn nichts gewesen wäre, wieder am Herrenhaus in Groß-Falkenau vor und lieferte ihn seiner jungen Frau dort ab. Ganz verbergen konnte der Vater aber seinen Zustand doch nicht, und die Mutter, in der Meinung, daß er in diesem Zustand zum Landratsamt gefahren sei, war zutiefst empört. Vielleicht war dies der erste von ganz wenigen Ehekrächen. Glücklicherweise war zu dieser Zeit eine ältere Tante meiner Mutter im Hause, die sich dank Brüder, die sie hatte, mit dieser Situation auskannte. Nachdem der Sturm der Entrüstung verflogen war, stellte sich auch heraus, daß der Vater gar nicht auf dem Landratsamt gewesen war, sondern Gruhn ihn unter der dicken Linde auf dem Friedhof, wie er sagte, zum Ausruhen niedergelegt hatte. Als danach aber unsere Mutter dem Gruhn den Vorwurf machte, er habe sie angelogen, das werde sie ihm nie verzeihen, sagte der alte Gruhn nur: »Gnädige Frau, angelogen habe ich Sie nicht, ich habe Ihnen nur nicht die Wahrheit gesagt, und ich habe nur das Beste für Sie gewollt. Ein herrschaftlicher Kutscher sieht viel, hört viel, darf aber nuscht sagen und muß nur das Beste für seine Herrschaft im Auge behalten.«

Die Mutter hat ihm natürlich verziehen, und als er auf einem Altenteil des Gutes sein Leben verbrachte, das nur seiner Herrschaft und Groß-Falkenau gewidmet war, sagte er zu meiner Mutter bei einem ihrer letzten Besuche: »Nur einmal blüht im Jahr der Mai, nur einmal im Leben die Liebe. Ich habe Sie immer verehrt.«

Wenige Tage später war Gruhn tot. Unsere Familie war bei der Grablegung auf dem Friedhof dabei, als er unweit der dicken Linde zur Ruhe bestattet wurde.

Unser Dorfschulmeister

Die Güter Groß-Falkenau, Rasenfeld – unser Besitz – und Klein-Falkenau, zusammengeschlossen in einer Gemeinde, hatten eine Volksschule, die bis Mitte der zwanziger Jahre gutsherrlich war, was bedeutete, daß der Gutsherr von Groß-Falkenau die Aufsicht über die Schule zu führen und für den Unterhalt sowie die Instandsetzung der Schule, der Lehrerwohnung nebst dazugehöriger Scheune und Stall zu sorgen hatte. Dafür hatte der Gutsherr ein Mitspracherecht bei der Besetzung der Lehrstelle.

Das änderte sich mit einer neu in Kraft gesetzten staatlichen Gemeindeordnung. Die Aufsicht lag nun beim Staat, die Mitsprache bei der Besetzung der Lehrerstelle entfiel; übrigblieb die gutsherrliche Fürsorge für Gebäude, die Lehrerwohnung und die zur Lehrerstelle gehörenden Wirtschaftsgebäude, in denen Ställe für Kühe, ein Pferd, Schweine, Enten und Hühner untergebracht waren. Außerdem stellte das Gut Weidegrund und Kartoffelacker zur Verfügung.

Die Schule selbst war ein kleiner schmucker Backsteinbau mit großen Fenstern, deren Rahmen weiß gestrichen waren, mit einem kleinen, aber hübschen Garten umgeben, in dem auch Bienenstöcke standen. Die Schule war einklassig, hier fanden etwa vierzig Schüler vom sechsten bis vierzehnten Lebensjahr Platz. An den Klassenraum schloß sich gleich über dem Eingangsflur die Lehrerwohnung an. Hier also regierte und residierte unser Dorfschulmeister Willi Schulz. Ein mittelgroßes schmales Männchen mit großen blauen Augen. In seinen Bewegungen etwas nervös und zappelig, im Gutsdorf aber voll respektiert, erkennbar beim Gruß durch tiefes Abnehmen der Mütze. Alle Kinder unserer Leute trugen, ob Sommer oder Winter Holzpantinen, bei uns hießen sie »Schlorren«; nur wir vom »Hof« hatten lederne Schuhe, was wir als großen Nachteil empfanden, weil bei Raufereien sehr schnell eine »Schlorre« zur Hand war und man im Winter damit auch besser schlittern konnte.

Die Schulkinder im Klassenzimmer hatte Lehrer Schulz in drei Gruppen eingeteilt; die Unterstufe, das waren die Sechs- bis Siebenjährigen, die Mittelstufe, zu ihr gehörten die acht bis elf Jahre alten Kinder und in der Oberstufe waren Zwölf- bis Vierzehnjährige versammelt. Lehrer Schulz lehrte abwechselnd in den Stufen. Unterrichtete er in der Oberstufe, dann schickte er den Besten zu den Kleinen, und die mittlere Gruppe mußte dann schreiben oder rechnen. Dieses System funktionierte reibungslos.

Die schönste Stunde war das Singen. Hier waren alle Kinder vereint. Lehrer Schulz holte seine Fidel, übte mit allen die Texte und dann ging's los. Er legte größten Wert darauf, daß alle die Strophen auswendig konnten. Ob Wander-, Soldaten- oder Volkslieder, wir hatten an dieser Stunde immer eine Riesenfreude, und die Eltern der Kinder in ihren gutseigenen Wohnungen ebenso. Wir Jungens fanden besonders gut »Das Wandern ist des Müllers Lust« oder auch »Wohlauf Kameraden aufs Pferd, aufs Pferd«, während die Mädchen mehr für »Am Brunnen vor dem Tore« oder »Der Mai ist gekommen« schwärmten. Wie in der Sing-, so auch in der Deutschstunde, alle Gedichte und Verse wurden auswendig gelernt. Das war oft recht mühsam; aber unser Lehrer kannte in dieser Hinsicht kein Erbarmen. Meine Lieblingsgedichte waren »Die Trompete von Vionville« von Freiligrath, »Der Kaiser Rotbart Lobesam« von Uhland und »Siehst du die Brigg auf den Wellen«.

Wir haben damals in dieser einklassigen Volksschule in Groß-Falkenau viel gelernt und unserem Lehrer viel zu verdanken. Ein einfühlsamer Pädagoge, der auch den Eltern der Kinder gelegentlich half beim Abfassen oder Ausfüllen von Schriftstücken.

Die Zucht und Ordnung in der Schule hielt er auf seine Art aufrecht. Hatten die Mädchen nicht gut gelernt, mußten sie eine Stunde nachsitzen, was zur Folge hatte, daß sie zu spät nach Hause kamen und zusätzlich von ihren Müttern bestraft wurden. Für Jungens hatte er Haselnußstöcke, die er hinter dem großen, weißen Kachelofen aufbewahrte. Die kleinsten Sünder bekamen auf die ausgestreckte Hand zwei leichte Schläge; die älteren, je nach Schwere des Vergehens mit dem mittleren oder langen Stock auf den Hintern. Niemand hat sich jemals über diesen »Strafvollzug« beschwert, schon gar nicht die Eltern. Entscheidend war nur, daß diese Strafe verdient und gerecht war.

Dafür bürgte unser Dorfschulmeister.

Die Solidarität der Jugend mit ihrem Lehrer zeigte sich in einem Augenblick, als der Schulrat aus Deutsch Eylau unangemeldet eine Visite bei seiner Falkenauer Schule machte. Als die Jungens ihn von weitem kommen sahen, riefen sie laut zum Schulhaus rennend: »Herr Lehrer, der Schulrat kommt«, stürmten ins Klassenzimmer, räumten alles auf, holten die Haselnußstöcke hinter dem Ofen hervor, zerbrachen sie und steckten sie in die Glut, nur um ihren Lehrer vor Ungemach durch den »hohen Herrn« zu bewahren.

Eine Zeitlang fehlten die Haselnußstöcke, dann waren sie aber wieder da.

Die Visite des Schulrats brachte aber dann für unseren guten Lehrer doch noch einige Peinlichkeiten. Als er uns Jungens fragte: »Was macht ihr denn eigentlich im Turnen?«

Unser bester Schüler Erwin Lindner sagte: »Im Sommer holen wir aus der Sandgrube für die Frau Lehrer weißen Streusand fürs Haus und ihre Gartenwege – und im Winter machen wir dem Herrn Lehrer im Holzstall das Holz klein. Das macht mehr Spaß als Klimmzüge und Kniewelle am Reck.«

Die Stirn des Schulrats legte sich in bedenkliche Falten, und das Gesicht unseres Lehrers schien uns wie verschleiert und blaß. Warum, das war uns lange ein Rätsel. Erst als wir keinen Sand mehr holen und kein Holz mehr hacken und sägen durften, ahnten wir, daß dies alles mit der Schulratsvisite zu tun haben mußte. Fortan war uns dieser Mann verhaßt, und wir hielten zu unserem Lehrer noch mehr denn je.

Doch ein Ereignis war und ist Ursache, daß wir unseren Lehrer Schulz in besonders guter

Erinnerung behielten. Eines Tages zogen wir mit ihm auf einen Schulausflug in den großen Falkenauer Wald. Mit Gesang von Wanderliedern erreichten wir eine sonnenbeschienene »Schonung«. Hier waren nach einem größeren Holzeinschlg neue Bäumchen gepflanzt worden, dazwischen wuchsen Himbeeren und Brombeeren und zwischen den Reihen der kleinen Bäumchen köstlich süße Walderdbeeren und mehr im Schatten auch Blaubeeren und Pilze. Unser Lehrer erklärte uns alle Pflanzen, Gräser und Sträucher und auch das Kleingetier wie Ameisen, Eidechsen und besonders den Fuchsbau unweit unseres Lagerplatzes. Mit Feuereifer waren wir dabei. Gerade wollte er uns noch die verschiedenen Vogelstimmen erklären. Wir saßen alle im Kreis auf dem duftenden Waldboden, als einer der älteren Jungens rief: »Herr Lehrer, die Wildschweine kommen!« Tatsächlich näherte sich aus dem nahen Tannendickicht eine Bache mit sechs Frischlingen. »Wo die sind«, meinte einer, »kann der Kujjel (Eber) nicht weit weg sein.«

Angst und Schrecken breiteten sich aus, besonders bei den Mädchen.

Lehrer Schulz rief: »Alles still sitzen bleiben, wehe, wenn einer wegläuft, keiner faßt mir einen Frischling an.« Aus lauter Angst vor den Schwarzkitteln wurden alle Weisungen befolgt. Die Wildschweine hatten offensichtlich die inzwischen ausgepackten Stullen und Essenssachen gewittert, kamen grunzend und schnüffelnd an unseren Lagerplatz, äugten ein wenig verwundert und machten sich wieder davon. Unserem Lehrer fiel ein Stein vom Herzen, und er begab sich fröhlich mit uns auf den Heimweg. Dabei war die Ordnung, denn uns saß noch immer der Schrecken in den Gliedern, auffallend gut. Nur »Das Wandern ist des Müllers Lust« kam etwas verhalten aus den sonst so frischen Kehlen.

Die Jungens meinten: »Das war der schönste Ausflug unseres Lebens«, die Mädchen dagegen: »Zur Schonung kriegt uns kein Aas mehr hin.« Alle aber waren sich einig, daß ihr Lehrer »prima« war.

Abschließend sei angemerkt, daß viele Jugendliche aus dieser ländlich-dörflichen Volksschule im späteren Leben tüchtige und verläßliche Menschen geworden sind, mit viel Gemüt und offenem Herzen.

Sie standen in beispielloser Treue zu ihrer Herrschaft, mit der sie später ihre Heimat gemeinsam verlassen mußten.

Der Ausreißer

Die goldene Sommerzeit war vorbei, die Felder abgeerntet und dort, wo die Kartoffeln ausgebuddelt waren, brannten kleine Feuerchen, die das Kartoffelkraut zur Asche machten. Morgens und abends zogen bereits feine Nebel über das Land, die die strahlende Herbstsonne schnell noch auflöste. Das war die Zeit, zu der überall in unserer Umgebung die Reitjagden stattfanden – so auch in Groß-Falkenau. Wir Kinder waren schon Tage vorher mit dem kommenden Ereignis sehr beschäftigt und freuten uns unbändig auf die Reiterkavalkade, die sich am frühen Nachmittag am Sattelplatz einfand. Aber bevor es soweit war, tauchte eine nicht vorhersehbare Schwierigkeit auf.

Wir wohnten damals auf dem zu Groß-Falkenau gehörenden Gut Rasenfeld, weil das Herrenhaus in Groß-Falkenau umgebaut wurde. Das hatte zur Folge, daß mein Schulweg, gemeinsam mit den Kindern unserer Leute, etwa drei Kilometer lang war. Er führte vorbei an Feldern und an einer großen Vieh- und Pferdekoppel. In dieser Koppel war am Ende ein kleiner Torfstich, der vom Ende des Ersten Weltkrieges herrührte, als es keine Kohle gab. In diesem kleinen Torfstich stieg immer wieder von Zeit zu Zeit ein feiner weißer Rauch auf, der von glimmenden Feuerchen zeugte. Da dieses Geschehen unbedeutend war, kümmerte sich niemand darum.

Aber für uns Kinder, deren Weg unweit dieser Stelle vorbeiführte, war das Glimmen hochinteressant. So auch an dem Tag, als am Nachmittag die Reitjagd stattfinden sollte. Eh wir uns versahen, kamen wir eine halbe Stunde zu spät in die Schule. Unser Lehrer Schulz war sehr erbost und bestrafte uns Jungens mit einer Stunde Nachsitzen. Das war nun höchst ärgerlich, besonders für mich. Ich glaubte, ich würde zu spät nach Hause und damit zu spät zu unserem Sattelplatz kommen. Die Folgen, die ich mir ausmalte, waren schrecklich. In meiner Not, die auch meine Schulkameraden erkannten, sagte ein braver

Mitschüler aus der Oberklasse: »Da hilft nur eins: ausreißen.«

Ich sagte: »Ja, aber wie?«

Emil Tonn, Sohn des Stellmachermeisters in Klein-Falkenau, sagte nur: »Keine Angst, ich helfe dir. Wenn die Schule aus ist, geht der Lehrer in seine Wohnung zum Essen, und in der Zeit paßt keiner auf euch Nachsitzer auf.«

Ich fieberte der Mittagsstunde entgegen, und dann ging der Lehrer tatsächlich zum Essen. Emil Tonn konnte durch ein schmales Fensterchen sehen, wie die Lehrerfrau das Essen auftrug, und rief mir zu: »Komm schnell, jetzt ist es soweit.« Er half mir noch in den Mantel, schulterte mir den Tornister und gab noch den guten Ratschlag: »Lauf nicht auf dem Weg nach Hause, denn da könnte dich der Lehrer mit dem Fahrrad einholen«; also immer querfeldein am großen Wassergraben vorbei und über den Friedhof durch die Koppel nach Hause. Dort kam ich völlig verschwitzt und mit hochrotem Kopf an. Die Mutter fragte mich, was mit mir los sei, und ich antwortete: »Nichts, ich will nur nicht zu spät mit euch zur Reitjagd kommen.« Das war für meine Mutter einleuchtend und Gott sei Dank fragte sie nicht weiter.

Nachmittags um halb drei ging es dann mit dem großen Jagdwagen zum Stelldichein der Reiter. Von einer kleinen Anhöhe verfolgten wir sodann die vielen Reiter mit ihren wunderschönen Pferden, gekleidet in einen roten Rock, weiße Hosen, schwarze Stiefel, schwarzes Käppi, ein farbenfrohes Bild, von der Sonne beschienen. Meine Mutter, selbst in jüngeren Jahren eine vorzügliche Reiterin, erklärte uns die Zäumung und Sattelung und die Vielfalt der bunten Schabracken. Kein Wunder, daß wir später, als wir selber ritten, genauestens Bescheid wußten.

Und schon begann die Reitjagd, vorneweg der Fuchsmajor mit einer Schleppe, die Fuchsgeruch enthielt – und schon folgte die Hundemeute mit Gekläff und Gebelle. Dann setzte sich das Reiterfeld in Bewegung und folgte der Meute. Der Parcours war mittelschwer hergerichtet von Angehörigen unserer Garnison IR 3 Deutsch Eylau, von der auch eine Reihe von Offizieren mitritt. Es ging über Stangenhindernisse, Holzstöße, Oxer, Gräben, Wasserläufe und den großen Vorflutgraben am

Friedhof. Für uns Zuschauer ein faszinierendes Bild, vor allem als am schweren Vorflutgraben einige Reiter stürzten und ins Wasser fielen und die reiterlosen Pferde davongaloppierten. Die wurden später aber eingefangen. Bei diesem Anblick vergaß ich alle Sorgen um das Nachsitzen, um das Ausreißen und um den erbosten Lehrer. Als die Jagd vorbei war, wurde das Halali geblasen, die Reiter versammelten sich zum Satteltrunk und jeder Reiter erhielt aus der Hand der Mutter einen Eichenbruch. Anschließend ging es zum großen Kaffee in das Gutshaus, der sich bis zum Abend bei fröhlicher Musik verlängerte.

Als die letzten Gäste das Haus verließen, lagen wir Kinder schon im tiefsten Schlaf.

Erst am Morgen wurde mir etwas bange, als wir wieder auf dem Schulweg waren. Vater und Mutter hatte ich nichts von dem Geschehen am Vortag erzählt, ebenso auch nicht meinen jüngeren Brüdern, weil ich fürchtete, sie könnten doch etwas ausplaudern.

In der Schule angekommen, ging ich sofort auf meinen Platz, dann betrat auch schon Lehrer Schulz den Raum. Er sah mich sofort und rief: »Ah, da ist ja unser Ausreißer.«

Ich mußte vortreten, er packte mich an beiden Armen und hob mich hoch vor seine Brust, und ich glaubte, jetzt läßt er mich fallen. Dem war Gott sei Dank nicht so, aber er sagte dann, als ich in seinen Armen lag: »Ausreißen lohnt sich nicht, du wirst heute eine Stunde nachsitzen, ausreißen tut man nicht, auch wenn es noch so verlockend ist, versprich mir, daß du nie wieder ausreißt.« Dieses Versprechen habe ich in seinen Armen als siebenjähriger Bub gegeben, dann ließ er mich wieder los und schickte mich auf meinen Platz.

Dieses Erlebnis war so stark und so bewegend für mich, daß ich nie in meinem späteren Leben vor Gefahren oder Unbilden ausgerissen bin. Es war der »Fahneneid« eines Siebenjährigen. Immer wieder klang die Stimme meines Lehrers in Kopf und Herz in mir: »Ausreißen lohnt sich nicht.«

Der Schweinehirt in Groß-Falkenau

Es war wohl um 1919/20 herum, als der Rußlanddeutsche Anton These vor den Bolschewiken flüchtend nach Groß-Falkenau kam. These sprach ein verständliches, wenn auch manchmal gebrochenes Deutsch, war ein Mann von stattlicher Statur und hatte auch eine Reihe von Kindern. Mit seinem Sohn Erwin wurde ich 1922 in die Volksschule von Groß-Falkenau eingeschult.

Es war, wie gesagt, eine einklassige Schule, die der Lehrer Schulz in drei Abteilungen eingeteilt hatte. Aber hier soll nicht von dem Schulbetrieb gesprochen werden, sondern nur von einem Ereignis, das uns fünfunddreißig Kindern großen Eindruck machte. Bei Schulbeginn schrieb der Lehrer Schulz in ein großes Buch die Personalien der Kinder ein. Vorname, Nachname und Geburtsort. Wir alle, außer dem kleinen Erwin These, waren in der

Gemeinde Groß-Falkenau, Klein-Falkenau und Rasenfeld geboren worden. Als der kleine Erwin These aufgerufen wurde, antwortete er auf die Frage, wo er geboren sei, kurz und lakonisch: »Im Zug.«

Das war für uns eine Sensation. Wie kann man im Zug geboren werden, unvorstellbar. Vater These, der den Schweinestall auf dem Rittergut Groß-Falkenau mit etwa sechzig Sauen, Läufern und Ferkeln übernahm, bildete bei unseren Instleuten und Arbeitern eine Sonderfigur. Er war absolut national eingestellt, kein Wunder bezüglich seiner Vertreibung, und hatte mit den damals verhetzten Arbeitern politisch nichts im Sinn. Als infolge der Not die Viehdiebstähle und Einbrüche auch auf dem Lande in großem Maße zunahmen, beschlossen die Bewohner von Groß-Falkenau einen Selbstschutz einzurichten, der nachts die Häuser und Ställe bewachte. Die Belegschaft loste die Wachgänger aus, und mein Vater, der sich an dieser Aktion selbstverständlich beteiligte, wurde mit dem Schweinehirt These gekoppelt. Damit war die Gewähr gegeben, daß mein Vater bei den nächtlichen Umgängen keinen der roten Gesellen auf seine Seite ziehen konnte. Wie gefährlich die Situation damals war, bewiesen Sabotageakte an Vieh und Maschinen. So wurden beispielsweise Dachpappennägel in das Futter des Viehs gestreut, was in vielen Fällen zu einem qualvollen Ende der Tiere führte.

Aber zurück zu Anton These: Infolge der großen Not an Lebensmitteln war es verboten, Getreide wie Roggen, Hafer, Gerste, Weizen zu Schrot zu mahlen, weil das Korn für die Erstellung von Lebensmitteln benötigt wurde. Und darum wurde auch kein Schrot für den Schweinestall gemahlen. Was tun? Anton These kam auf die Idee, jeden Morgen mit der ganzen Schweineherde in den Wald zu ziehen, wo die Tiere genügend Futter an Eicheln und Bucheckern fanden. Mein Vater fand diese Idee gut, und es war ein herrliches Bild, wenn die quiekende Schweineherde ihren von Birken bestandenen Landweg zu Walde zogen. Der Wald, der zu unserem Gut gehörte, war verhältnismäßig groß; es waren etwa achtzig Hektar mit einem herrlichen Baumbestand an Fichten, Eichen, Buchen und Kiefern. Hier hielt sich These nun mit seiner Herde auf und mußte darauf achten, daß ihm keines der Tiere verlorenging. Eines Tages war er mit der Herde in einem Waldstück, in dem es unendlich viel Pilze gab. Steinpilze, Birkenpilze, Butterpilze, Pfifferlinge und an einigen Stellen auch Waldchampignons. These fand es gar nicht gut, daß seine Schweineherde die Pilze umwarf und mit den Rüsseln den Waldboden aufriß. Aber was sollte er machen?

Da kam ihm der Gedanke für seine junge Gutsherrin – meine Mutter war damals etwa achtundzwanzig Jahre alt, ein schönes Pilzgericht zu sammeln. Aber wohin mit den Pilzen? Er hatte keinen Sack und keine Tüte bei sich, und da kam er auf den Gedanken, seine lange Unterhose auszuziehen, die Beine mit Bindfaden zuzubinden und in dieses sackähnliche Gebilde die Pilze hineinzutun. Nach kurzer Zeit war dieser »Sack« voll, und als er gegen Abend mit seiner Ausbeute über den Rücken inmitten der Schweineherde nach Hause kam, ging er in die Gutsküche, wo sich zu diesem Zeitpunkt meine Mutter aufhielt, um sein Geschenk zu präsentieren. Meine Mutter sagte zu ihm: »Ja, um Gottes willen,

These, was ist denn das für ein Sack? Unten zugebunden und in der Mitte ein Riesenschlitz.« Sie konnte in diesem Augenblick das Ganze nicht identifizieren. Aber These half ihr und sagte: »Gnädige Frau, das ist doch meine Unterhose, ich hatte nichts anderes, wo ich die Pilze hätte hineintun können.« Meine Mutter lachte, schaute ihn an und sagte: »These, dafür bekommen Sie jetzt einen Schnaps, und die Unterhose kriegen Sie morgen gewaschen zurück.«

Der Schweinehirt war zufrieden, zog von dannen und meine Mutter sagte zum Küchenpersonal: »Kinder, ich esse Pilze für mein Leben gern, aber die aus der Unterhose von Anton These müßt ihr euch heute abend selber zurechtmachen und essen!«

Wir Kinder haben in späterer Zeit noch oft darüber gelacht, und unsere Mutter erzählte diese Geschichte zu gern von neuem.

Die Schlangen im Schulzug

Tagaus – tagein wurden wir Kinder, nachdem wir die einklassige Volksschule in Groß-Falkenau absolviert hatten, zum Schulzug nach Charlottenwerder, unserer Bahnstation, gebracht, um in Deutsch Eylau das Lyzeum zu besuchen. Im Sommer mit Pferd und Wagen, leicht, aber ordentlich gekleidet, im Winter in Pelze und Decken vermummt. Die Bahnstation lag vier Kilometer von unserem Gut entfernt, diente dem Personenverkehr und der Beförderung von Wirtschaftsgütern aller Art. Allein von unserer Begüterung wurden jährlich vierzigtausend Zentner Kartoffeln, dreißigtausend Zentner Zuckerrüben und mehrere tausend Zentner Getreide verladen. Das traf in ähnlicher Größenordnung auch für andere Begüterungen zu. Für uns Kinder war die Bahnstation Charlottenwerder, die über Sommerau nach Deutsch Eylau führte, quasi eine Lebensdrehscheibe. Von hier fuhren wir mit bangendem Herzen in die Schule, wenn Arbeiten oder Prüfungen bevorstanden. Von hier kamen wir aus der Schulstadt Deutsch Eylau zurück mit guten oder mit schlechten Zeugnissen, hier wurden in Fröhlichkeit Gäste aus dem »Reich« abgeholt – »Reich« war für uns das Deutschland westlich des polnischen Korridors – und hier wurde tränenreicher Abschied genommen, wenn Eltern und Freunde wieder unseren Lebensbereich verließen.

Die Bahnstation Charlottenwerder besaß drei Bedienstete. Da war zunächst der Stationsvorsteher Baschek, stets in seiner ordentlichen Dienstkleidung mit der roten Mütze auf dem Kopf; die trug er im Gegensatz zu anderen auf dem linken Ohr, weil er das in seinem Regiment in Paderborn, in dem er Husarenwachtmeister gewesen war, so gelernt hatte. Ein besonderes Kennzeichen seiner Höflichkeit bestand darin, daß er Personen, die erste Klasse fuhren, die Abteiltür aufmachte. Wir Kinder hatten vor ihm einen Höllenrespekt, weil er unnachsichtig für Ruhe und Ordnung im Wartesaal oder vor der Sperre sorgte.

Sein Stellvertreter, Herr Lechner, war ganz das Gegenteil. Er war mild und nachsichtig, und wenn er kurz vor Einfahrt des Zuges die Sperre öffnete, begrüßte er den Schülerschwarm: »Heil Hitlerchen, die Fahrkartchen bitte.« Das »chen« entsprach ostpreußischer Mundart, so bekam man auch keinen Bonbon, sondern ein »Bonbonchen«. Und man aß zu Mittag auch keinen Klops, sondern ein »Klopschen«, und die Männer tranken keinen Schnaps, sondern ein »Schnapschen«.

Der dritte im Bunde auf der Station Charlottenwerder war Wilhelm Tobolla. Seine Heimat war in der Kaschubei, und infolgedessen sprach er ein kassubisches Deutsch, was sehr hart klang. Außerdem hatte er in einem masurischen Regiment gedient. Tobollas Aufgabe war es, die Weichen zu ölen, die Signallampen zu putzen und die Strecke nach Rosenberg oder Sommerau – beide Entfernungen etwa acht Kilometer – abzulaufen und dafür zu sorgen, daß die Verbindungsschrauben an den Schienen fest angezogen waren. Insofern kannten wir ihn nicht in schmucker Eisenbahneruniform, sondern mit verölten Händen und Putzlappen und einem Riesenschraubenschlüssel, den er immer bei sich trug, um eventuell gelockerte Schienenschrauben festzudrehen.

Spöttisch sprach er von seinen Stationskollegen nur von den »hohen Herren«, die sich im Büro die Finger nicht dreckig machen mußten. Doch gelegentlich mußte er den Stationsvorsteher beziehungsweise seinen Stellvertreter unterstützen und befand sich dann auch im Stationsbüro. Das waren für ihn keine stolzen und erhebenden Stunden, sondern oft sehr schwierige und aufregende. Die Ausfüllung von Frachtbriefen war eine kaum zu bewältigende Arbeit, die Fahrkarten für den normalen Personenverkehr dagegen eine leichte Angelegenheit. Doch eines Tages kam von dem nahe gelegenen weiblichen Arbeitsdienstlager eine Arbeitsdienstmaid und verlangte eine Fahrkarte nach Küstrin. Wilhelm Tobolla war entsetzt und sagte im schönsten kassubischen Dialekt: »Küstrin kenn ich nicht, wo ist das überhaupt? Kommen Sie morgen wieder.« Die Arbeitsmaid war entsetzt, doch zufälligerweise war mein Vater im

Stationsbüro und half Tobolla beim Ausfüllen des Fahrscheines und Errechnen des Fahrpreises. Zwei glückliche Menschen: die Maid und Wilhelm Tobolla.

Nun zu unserer Schulstadt Deutsch Eylau. Eine Stadt von etwa zwölftausend Einwohnern, mit einer Garnison von etwa fünfzehntausend Soldaten, umgeben vom Großen und Kleinen Geserichsee und – für uns Kinder – unermeßlichen Wäldern. Aus der Stadt heraus ragte die Ordenskirche, die Mitte des 12. Jahrhunderts erbaut worden und weithin im Land sichtbar war. Der große See hatte eine Länge von etwa vierundzwanzig Kilometern mit wechselnden Breiten. Die Wälder stießen auf der Westseite an seine Ufer. Deutsch Eylau war nicht nur Schulstadt, sondern auch Einkaufsstadt für das Land ringsherum. Sie besaß Hotels, ein Tanzcafé, ein Kino und Reparaturwerkstätten für landwirtschaftliche Maschinen, ein Krankenhaus, viele Arztpraxen und nicht zuletzt ganz herrliche, großzügig angelegte Sportanlagen und einen Boots- und Segelschiffverleih. Das Strandbad war für uns

Kinder, aber auch für die Erwachsenen, ein Platz der Freude und des Frohsinns. Eine besonders großzügig angelegte Stadthalle bot allen möglichen Festivitäten und Theatervorführungen Platz und Raum. Oftmals gaben die Eltern aus Groß-Falkenau telefonisch Bestellungen auf, die dann von den verschiedensten Geschäften am frühen Nachmittag zum heimfahrenden Schulzug gebracht wurden und von uns Kindern mitgenommen werden mußten.

So war auch eines Tages um halb zwei Uhr nachmittags, als alle Kinder in Richtung Rosenberg, Riesenburg, Marienburg, zurückfuhren, des Fischmeisters Töchterlein – übrigens sehr schmuck – an der Sperre stand und fragte: »Wer ist hier der Udo?«

Aus dem Pulk der Schüler trat ich heraus und sagte: »Hier bin ich, was gibt es?«

Darauf antwortete sie: »Deine Mutter hat etwas bestellt, was in dem Paket ist.«

Ich nahm es an, wir stiegen in den Zug, und ich legte das Paket in das Gepäcknetz eines Waggons, durch den man durchgehen konnte.

Keine zehn Minuten später, der Zug hatte noch nicht die Station Sommerau erreicht, gellten Schreie durch die Abteile, die beinahe eine Panik auslösten. Was war geschehen? Aus dem Paket hatten sich zwei Aale durch die Pappe gebissen und ringelten wenig später von den Gepäcknetzen hinunter. Eine Riesenaufregung, als der Ruf »Schlangen« ertönte. Irgend jemand zog die Notbremse, und wenig später hielt der Zug. Schaffner und Lokführer hatten den Waggon schnell entdeckt, weil viele Leute aus den Abteilen auf die Gleise sprangen. Der Zugschaffner, ein ruhiger und besonnener Mann, erkannte sofort, daß es sich hier nicht um Schlangen, sondern um Aale handelte, die abends bei einem Gastessen in Groß-Falkenau verspeist werden sollten. Der Zugführer rief: »Wem gehören die Aale?«

Ich meldete mich und sagte: »Was kann ich dafür, wenn die aus dem Karton geschlüpft sind?« Achselzucken des Schaffners und die lakonische Antwort: »Dann müssen wir sie erst mal einfangen.« Das war gar nicht so einfach, weil sie glitschig waren. Schließlich gelang es. Die Leute stiegen alle wieder ein, doch die Frage, wer die Notbremse gezogen hatte, blieb ungeklärt. Lokführer begab sich zu seiner Lokomotive, Schaffner zum Zug und die Fahrt ging weiter. Mir stand der Schweiß auf der Stirn, aber es gab keine weiteren Schwierigkeiten mit der Bahn, die auch damals menschenfreundlich war. Zu Hause angekommen erklärte ich meiner Mutter: »Du kannst mir auftragen, was du willst, nie wieder werde ich im Zug Aale mitnehmen.«

Und sie antwortete ganz lakonisch: »Ich kann mir die Aufregung vorstellen, das war Pech, aber dafür bekommt ihr Jungens auch die Aalhaut.« Die Aalhaut war für uns immer etwas Besonderes, weil sie in Streifen an die Peitschen gebunden wurde, die dann besonders gut knallten.

Die Glockenweihe

Im Ersten Weltkrieg 1914–1918 wurden, wie in vielen Orten Deutschlands, die Kirchenglocken aus den Türmen herausgenommen und zum Zwecke der Herstellung von Waffen eingeschmolzen. So auch in unserer Kreisstadt Rosenberg im Regierungsbezirk Marienwerden/Westpreußen.

Nach dem Krieg, etwa im Jahre 1924, versuchte der örtliche Pfarrer Hannemann wieder zu neuen Glocken zu kommen. Da die katholische Gemeinde in Rosenberg klein war und in der Diaspora lebte, stellte das für den Pfarrer ein großes finanzielles Problem dar. Aber schließlich wurde er fündig. Die Gräfin Dohna in Finkenstein – wohl eine der schönsten Besitzungen West- und Ostpreußens – war katholisch, sie und die Familie Ritgen in Groß-Falkenau sowie der Apotheker Tietz in Rosenberg waren in den Augen des Pfarrers die wohl spendenfähigsten Leute. So erschien er auch eines Tages in Groß-Falkenau, trug sein Anliegen vor und bat die Eltern, eine Glocke zu übernehmen, nachdem die Grafen Dohna in Finkenstein schon die erste Glocke finanziert hatten. Dabei erklärte er, daß die Glocken den Vornamen der jeweiligen Sponsoren eingegossen erhalten sollten sowie einen Glockenspruch. Im Falle Groß-Falkenaus würde die Glocke »Irene« heißen, nach meiner Mutter, in Finkenstein »Clothilde«, dem Vornamen der Gräfin Dohna. So weit, so gut! Den Glockenspruch selbst wollte der Vater bestimmen. Er lautete: »Mögest du stets läuten zu Deutschlands Ehr' und Deutschlands Wehr.« Darauf erklärte der Pfarrer Hannemann, dieser Spruch sei zu national, und mein Vater sagte darauf kurz und bündig: »Dann bekommen Sie die Glocke nicht.« Außerdem verlangte mein Vater, daß in der Messe fortan nicht mehr das Vaterunser auf polnisch gebetet werden sollte, weil es in ganz Rosenberg nur acht bis zehn Polen gab. Der Pfarrer sah sich vor großen Problemen. Die Sache mit dem Vaterunser war deswegen schwierig, weil nach Abtreten der Provinz Westpreußen zum

Korridorgebiet die Polen kurzerhand den deutschen Bischof in Kulm entlassen hatten – Kulm war die Diözese in Westpreußen – und dafür einen ihrer Landsleute eingesetzt hatten. Der zweite Punkt war der Glockenspruch, der ihm Kopfzerbrechen bereitete. Die Verhandlungen zogen sich hin, und einiges klärte sich insofern, als der Vatikan das deutsche Westpreußen ostwärts der Weichsel zum Bistum Frauenburg (Ermland) gab, und der Bischof in Frauenburg nicht darauf bestand, das Gebet auf polnisch in der Messe zu beten. Bezüglich des Glockenspruches fiel dem Pfarrer der praktikable Gedanke ein, daß die Glocken ja hoch im Turm hängen würden und kaum einer dort die Glockensprüche lesen würde. Somit waren alle Hindernisse beseitigt, so daß im Mai 1924 die Glockenweihe in der Rosenberger Kirche vonstatten gehen konnte, feierlich in Anwesenheit des Bischofs von Ermland. Die letzte protokollarische Frage wurde ebenfalls geklärt: Zum Mittagessen war der Bischof in Schloß Finkenstein bei den Grafen Dohna eingeladen, zum Tee in Groß-Falkenau und zum Abendessen beim Apotheker Tietz in Rosenberg.

Für die Familie in Groß-Falkenau war das ein herausragender Tag. Die Eltern hatten noch Gäste aus der Nachbarschaft eingeladen, im großen Wintergarten war die Kaffeetafel gedeckt, und wir drei Jungens mußten weiße Matrosenanzüge anziehen, um in gerader Haltung mit einem tiefen Diener den Bischof begrüßen zu können. Der Bischof war inzwischen informiert, daß wir drei, mein Bruder Wolf, mein Bruder Egon und ich, selbst gut singen konnten. Vater und Mutter waren sehr musikalisch, die Mutter spielte Klavier, der Vater blies Konzerttrompete und spielte hervorragend Ziehharmonika. Als Offizier, mehrmals verwundet, hatte er den ganzen Weltkrieg mitgemacht und uns in Begleitung seiner Ziehharmonika alle erdenklichen Soldatenlieder beigebracht. Wir hatten ein Repertoire, das wir immer, wenn Gäste im Herrenhaus waren, zur Freude der Anwesenden vortrugen. So war es auch an diesem Nachmittag, als der Bischof mit seinem roten Läppchen im Wintergarten saß und, nachdem wir ihn begrüßt hatten, sagte: »So, Jungens, ich habe gehört, ihr könnt so gut singen.« Worauf wir in strammer Haltung, wie aus der Pistole geschossen, sagten: »Jawohl!« Alle lauschten gespannt in Erwartung des Gesanges, aber die Eltern hatten diesmal die Rechnung ohne den Wirt gemacht. Groß-Falkenau beschäftigte seit einiger Zeit einen neuen Oberschweizer, dessen Kinder etwas älter waren als wir und die tagsüber sehr oft unsere Spielgefährten waren. Sie hatten uns ein neues Liedchen beigebracht, von dem die Eltern nichts wußten, und als der Bischof nun zu uns sagte: »Nun fangt mal an«, begannen wir nicht wie üblich mit »Lippe Detmold eine wunderschöne Stadt«, sondern schauten uns an und fingen das neue Liedchen an. Und das lautete:

»Komm mein Schatz, wir trinken ein Likörchen,
und dann flüstre ich dir leise was ins Öhrchen,
von der Liebe und dem Monat Mai,
und so 'n bißchen, bißchen was dabei.«

Dem Bischof rollten vor Lachen die Tränen über die Wangen, die Eltern erstarrten, die übrige Gesellschaft schaute verlegen drein und dann rettete der Bischof die Situation, in dem er sagte: »Na, ihr könnt doch sicher noch mehr«, und dann stiegen wir wieder in unser altes Repertoire mit »Lippe Detmold«, »Drei Lilien«, »Ich hatt' einen Kameraden« ein. In Gnaden wurden wir entlassen, nur am Abend, als die Mutter an unsere Betten trat, sagte sie: »Kinder, dieses erste Lied dürft ihr aber nie wieder singen, wenn Gäste bei uns im Haus sind.«

Wir haben diesen Wunsch zwar nicht ganz verstanden und schliefen darüber ein, aber erfüllt haben wir der Mutter diesen Wunsch von nun an immer, solange wir gesungen haben.

Pagendienst

Das Nachbargut von Groß-Falkenau war der große Besitz Januschau mit weiten Feldern und tiefen Wäldern. Der Eigentümer war Elard von Oldenburg, eine in ganz Ost- und Westpreußen hochangesehene Persönlichkeit, die immer nur »der alte Januschauer« genannt wurde. Schon vor dem Ersten Weltkrieg war er Mitglied des Deutschen Reichstages. Hier kämpfte er für die Konservativen wie auch nach dem Krieg für die Deutschnationalen. Im Grunde seines Herzens königs- und kaisertreu und sehr religiös, aber niemals in der Rolle eines Vasallen. Berühmt wurde Herr von Oldenburg, als er 1912 im Reichstag der Weigerung der Sozialdemokraten, die notwendigen Gelder zur Verstärkung der Truppen im deutschen Osten bereitzustellen, entgegenhielt, wenn dadurch nun das Reich in Gefahr sei und das Parlament zum Schutz deutscher Ostprovinzen Gelder nicht bewillige, Seine Majetät der Kaiser das Recht haben müsse, den Reichstag mit einem Leutnant und zehn Mann zu schließen. Auf der Linken erhob sich ein Sturm der Entrüstung. Die Mehrheit des Reichstages verweigerte die Mittel für die Errichtung zweier Korps. Dennoch wurden sie mit den freiwillig gezahlten Geldern der ost- und westpreußischen Landstände aufgestellt und trugen erheblich zum Sieg in der Tannenbergschlacht bei. Die Initiative zu dieser freiwilligen Wehrsteuer ist Elard von Oldenburg zuzuschreiben. – Auch auf einem anderen Feld zeigte sich seine unerschrockene Persönlichkeit. Als im Frühjahr 1933 die wenigen Juden in unseren Kleinstädten in arge Bedrängnis gerieten, fuhr von Oldenburg ostentativ mit Pferd und Wagen nach Deutsch Eylau und ließ sich vom Felljuden Isaaksohn, der Jahrzehnte auf Januschau, Groß-Falkenau und anderen Gütern Häute und Felle geschlachteter, geschossener oder krepierter Tiere eingesammelt hatte, zum Mittagessen einladen. Wieder gab es Aufregung; doch das focht den westpreußischen Granden nicht an. Für die damalige Zeit war diese Geste etwas ganz Besonderes. Kein Wunder, daß die Menschen in unserer Heimat mit Ehrerbietung vom »alten Januschauer« sprachen.

Doch nun zu unseren eigenen Erlebnissen in den zwanziger Jahren. Herr von Oldenburg lebte damals mit seiner Frau allein auf seinem Gut. Seine erwachsenen Kinder hatten inzwischen Januschau verlassen.

Da er immer hochstehende Gäste auf Januschau einlud, um politische Fragen zu klären und zu besprechen oder der Jagd zu frönen, schaute er sich in der Nachbarschaft nach jungen Helfern um. Die fand er in Groß-Falkenau, wo wir drei Brüder bei gelegentlichen Besuchen seinerseits in unserem Hause seine Aufmerksamkeit geweckt hatten. Eines Tages – und es passierte auch öfter – rief Herr von Oldenburg meine Eltern an, ob wir drei Jungens ihm und seiner Frau am Nachmittag bei einem hohen Gastbesuch behilflich sein könnten. In diesem Falle waren der Feldmarschall von Hindenburg und weitere Persönlichkeiten in Januschau. Wir mußten unsere weißen Matrosenanzüge anziehen, was wir meist sehr ungern taten, weil sie fleckenempfindlich waren, dazu jeder von uns eine Matrosenmütze mit Mützenband. Mein Mützenband war »Seydlitz«, das meines Bruders Wolf war »Blücher« und das meines Bruders Egon war »Lützow«. Ursprünglich hatte der jüngste Bruder Egon das Mützenband »Emden«, aber das gefiel ihm nicht, er wollte auch einen Heerführernamen haben. Als wir fertig angezogen waren, instruierte uns unser Vater noch ganz genau, wie wir in Januschau die uns gegenüberstehenden Personen anzureden hätten. So führte er aus, daß wir, wenn wir Hindenburg die Hand geben würden, nicht »Herr Generalfeldmarschall«, sondern nur »Herr Feldmarschall« zu sagen hätten, und daß wir, wenn wir die Mütze aufbehielten, in strammer Haltung vor dem Feldmarschall stehen müßten; wenn wir sie nicht auf dem Kopf trugen, dann ihm mit einem ordentlichen Diener die Hand geben sollten. Beim Herrn von Oldenburg war die Sache schon mehrmals eingeübt, klar, er war für uns alle der »Herr Kammerherr«. Frau von Oldenburg sei mit Mütze in der Hand und Handkuß zu begrüßen und mit »gnädige Frau« anzureden. Dann sei bei dieser Gelegenheit noch der Kommandeur des Reiterregiments I aus Insterburg anwesend, und bei ihm gälte die gleiche Regelung wie beim Feldmarschall. Zum Schluß der väterlichen Instruktionsrunde im Wohnzimmer fragte er uns drei noch einmal aus, wer Seydlitz, Blücher und Lützow gewesen seien.

Dann fuhr unser Kutschwagen auch schon vor, und nach einer Dreiviertelstunde Fahrt kamen wir in Januschau an, begrüßt von Herrn und Frau von Oldenburg. Wir wurden angewiesen, was wir zu tun hätten. Ich mußte dem Diener helfen beim Getränke einschenken, mein Bruder Wolf hatte Zigarren und Zigaretten anzubieten und unser dritter Bruder hatte die Aschenbecher und gebrauchten Papierservietten wegzubringen. Nach dieser Einweisung traten wir dem Feldmarschall gegenüber.

Wir behielten die Matrosenmützen auf, standen in strammer Haltung vor ihm, und er fragte uns natürlich nach den Namen auf unseren Matrosenbändern. Wie aus der Pistole geschossen antwortete ich: »Seydlitz hat die Franzosen bei Roßbach und die Russen bei Zorndorf besiegt.«

Mein Bruder Wolf völlig sicher: »Blücher hat Napoleon geschlagen und über den Rhein gejagt«, und mein Bruder Egon sagte: »Ich weiß nicht, wo Lützow gekämpft hat, aber mir gefällt so gut das Lied ›Lützows wilde verwegene Jagd‹.« Der Feldmarschall lachte und sagte dann mit tiefer, sonorer Stimme: »Wer hat euch denn das alles beigebracht?«

Wir zu dritt einstimmig: »Unser Vati, von ihm kennen wir auch alle Soldatenlieder, die er uns auf einer Ziehharmonika oft vorspielt.« Damit war eigentlich unser Auftritt beendet.

Plötzlich sagte der Kammerherr von Oldenburg: »Herr Feldmarschall, ich habe noch eine kleine Überraschung, wir wollen einmal in die Diele gehen, dort ist mein Stallbursche Fritz, der wollte im Reiterregiment I in Insterburg Soldat werden, aber das hat bisher nicht geklappt.« Währenddessen waren alle in die Diele getreten, und am Eingang stand Fritz im sauber gewaschenen Hemd, gebügelten Hosen und – auf Strümpfen. Und dann sagte der Kammerherr: »So, lieber Fritz, jetzt zeig mal, was du kannst!« Der Fritz nahm Anlauf, schlug mehrere Salti, ging auf den Händen diagonal durch die ganze Diele und schlug mehrmals einwandfrei das Rad. Für uns drei eine atemberaubende Vorstellung. Der Kammerherr sagte daraufhin: »So Fritz, jetzt kannst du gehen, der Herr Oberst (vom Reiterregiment I) hat soeben gesagt, du bist angenommen.« Der Oberst konnte gar nicht widersprechen, vor allem im Angesicht des Feldmarschalls, und der Fritz wurde tatsächlich ins Reiterregiment I in Insterburg eingezogen.

Als wir um halb sieben Uhr wieder mit unserem Kutschwagen nach Hause fuhren, gab uns zur Verabschiedung Frau von Oldenburg noch ein großes Paket Baumkuchen mit, den wir zu Hause essen sollten. Die Eltern erwarteten uns schon mit Ungeduld. Vater und Mutter fragten uns aus wie bei einem Verhör, und mein zweiter Bruder Wolf meinte: »Das Beste an diesem Nachmittag waren die Vorführungen von dem Stallburschen Fritz.« Mein Bruder Egon stimmte dem zu und sagte nur ganz trocken: »Mutti, wann kriegen wir endlich unseren Kuchen?«

Ja, so weit ist die Welt – auch damals.

Der Schimmelreiter

Ihm liegt alter pruzzisch-slawischer Volksbrauch zugrunde, und die Volkskundler wissen nicht genau, woher er stammt und welche Hintergründe er hat. Fest steht nur, daß er bis weit in die zwanziger und dreißiger Jahre unseres ausgehenden Jahrhunderts ausgeübt wurde.

Kaum war der Nikolaustag am 6. Dezember mit leidlicher Manier überstanden, rückte auch schon der Tag des Schimmelreiters um den 15./16. Dezember heran. Der Schimmelreiter und sein Gefolge glichen einer entfesselten Bande.

Abends, wenn draußen der Schneesturm tobte, bummerte es an der Wirtschaftstür des Hauses. Der Schimmelreiter bat für sich und sein Gefolge Eintritt in das Haus. Er selbst hatte auf einem langen Stecken einen großen Schimmelkopf, der Reiter selbst trug ein weißes, langes Gewand, so daß man den Eindruck hatte, daß er wirklich einen Schimmel ritt. Um den Kopf trug er ein goldenes Band, in der Linken führte er den Zügel, in der Rechten hielt er eine kurze Peitsche, mit der er fürchterlich knallte. In seinem Gefolge befand sich ein Bär, der sich sofort im Flur wälzte und allen Anwesenden einen fürchterlichen Schrecken einjagte, ebenso ein Schornsteinfeger mit einem Topf voller Ruß. Ihm folgte ein Barbier in Weiß mit einem Eimer voll Seifenschaum. Schließlich gehörte noch der Storch zu dieser Gruppe. Er hatte einen langen Schnabel, in dessen Spitze eine Nadel eingefügt war. Diese Gruppe wurde begleitet von einem Musikanten, der auf einer Ziehharmonika wilde slawische Melodien spielte und von dem Pracherweib (Bettelweib), das in einer flachen Kiepe Häcksel für den Schimmel hatte, und in die später Äpfel, Pfefferkuchen und Nüsse hineingelegt wurden.

Die aufreizende Musik versetzte die ganze Gruppe in Ekstase. Der Schimmel sprang über Stühle und Bänke, der Schornsteinfeger griff sich alle Mädchen und Kinder und schwärzte ihre Gesichter, der Barbier, der hinter dem

Schornsteinfeger kam, fuhr allen Geschwärzten mit einem dicken Pinsel durchs Gesicht und schabte mit einem großen Holzmesser die Schmiere herunter, und der Storch pikste mit seinem Schnabel und der daran angebrachten Nadel den Frauen ins Bein und klapperte: »Vorsicht, Vorsicht.«

Der ganze Schimmelabend dauerte eine gute halbe Stunde, dann verabschiedete sich der Reiter mit seinem Gefolge bei mitreißender Musik mit großen Sprüngen, und zurück blieben ein völlig verwüsteter Flur und eine ebenso chaotische Küche. Jetzt ging es ans Aufräumen. Die Mutter ordnete an, daß alles so schnell wie möglich wieder in Ordnung gebracht wurde, wobei die Mädchen, einschließlich der Küchengehilfen, schwer ins Schwitzen kamen. Aber Marta, die am meisten zu scheuern und zu wischen hatte, und noch völlig rußverschmiert war, meinte seelenruhig: »Schad nuscht, hoffentlich kommt der Schimmelreiter nächstes Jahr wieder.«

Wir Kinder wurden in die Badewanne gesteckt und sauber geschrubbt und meinten, es wäre eine der schönsten Bräuche, die es auf der Welt gab. Doch die Weihnachtszeit war nicht mehr fern und nahm von nun an unsere Gedanken voll in Anspruch.

Das Weihnachtszimmer

Und nun wünsche ich euch allen eine frohe und gesegnete Weihnacht!« Der so sprach und das Zeichen zum Verlassen der Aula des Hindenburggymnasiums in Deutsch Eylau gab, war der Oberstudiendirektor Walter Sinnhuber, ein echter Ostpreuße aus der Gumbinner Gegend, dessen Vorfahren 1730 aus dem Salzburger Land eine neue Heimat im Deutsch-Ordensland gefunden hatten.
Zu dritt drückten wir – ich, meine Brüder Wolfgang und Egon – damals die unteren Klassen des Deutsch Eylauer Gymnasiums, während unsere kleine Schwester Fee und der jüngste Bruder Bruno, von allen – auch später – nur Bubi genannt, zu Hause unterrichtet wurden und damit noch fern aller Schulplagen waren.

Nun stürmen wir nach Erhalt der Weihnachtsschulzeugnisse mit unseren Kameraden aus dem neugotischen Bau des Hindenburggymnasiums heraus auf den spiegelblank vor uns liegenden, zugefrorenen Geserichsee, der in einer großen Schleife die halbe Stadt umschließt. Eishockey, das war es, was uns faszinierte. Die Schultaschen und Ranzen, in denen wie Blei die Zeugnisse steckten, markieren die Torpfosten.

Viertel vor zwei Uhr geht's heim. Jahrhunderte, so scheint es uns Buben, fährt um diese Zeit der Schulzug in Richtung Rosenberg, Riesenburg, Marienburg, um das bunte und laute Fahrschülervolk heimzubringen. An der Bahnstation Charlottenwerder – die Vorsteher Baschek und Tobolla bleiben uns unvergeßlich – warten die pferdebespannten Schlitten. Je mehr wir uns dem elterlichen Gut nähern, desto weniger haben wir uns zu sagen; das Schellengeläut, der glitzernde Schnee, die dampfenden Pferde – wir nehmen keinen Anteil; jeder denkt nur an sein Zeugnis und daran, daß er Heiligabend kaum mehr erwarten kann.

Ja, und dann biegen wir auch schon in die Einfahrt zum Herrenhaus Groß-Falkenau ein. Die Mutter schält uns aus den Decken und Übermänteln, wie immer, und sagt: »Wie schön, Kinder, daß ihr nun Ferien habt, jetzt beginnt Weihnachten, ich freue mich, ich freue mich!« Und der Vater, der sonst anderes zu tun hat, als seine Jungens aus der Schule zu empfangen, ist plötzlich auch da, was uns gar nicht gefällt – und wir wissen schon, warum. Als wir die heiße Suppe gelöffelt haben, sagt er knapp und militärisch (er war Batteriechef in der reitenden Abteilung des AR 35): »So Jungens, jetzt zeigt mal eure Zeugnisse her.« Die Stunde der Wahrheit ist da. Da liegen nun die drei weißen Bogen, fein säuberlich von den Klassenlehrern geschrieben auf dem Tisch. Mit sicherem Blick schaut der Vater nur auf die letzte Rubrik »Bemerkungen«. Es ist verteufelt. Da steht es nun schwarz auf weiß:

- »... Die Versetzung zu Ostern ist gefährdet, wenn er sich nicht mehr anstrengt ...«
- »... sein Benehmen gegenüber seinen Lehrern muß sich erheblich bessern ...«

Mutter, in solchen Stunden der Wahrheit stets mit uns bangend, will in die atemlose Stille hinein eine Frage stellen; wie gern hätten wir ihr geantwortet, wie leicht wäre das gewesen; doch Vater kommt ihr zuvor. Er faßt die Ergebnisse auf den weißen Bögen zusammen, und das hört sich so an: »Doll ist es ja nicht, was ihr mir da vorlegt, nach den Ferien setzt euch gefälligst auf den Hosenboden!« Und zu jedem einzelnen gewandt: »Bei dir kommt der ›Fünfer‹ weg, bei dir verschwindet der ›Vierer‹ und du machst aus dem ›Dreier‹ einen ›Zweier‹. Und paßt in Zukunft auf, was euch die Lehrer beibringen, dann müßte es doch zu Ostern klappen. Mutter wird sich gleich im Januar bei euren Klassenlehrern erkundigen…« Dann holt der Vater etwas umständlich, so als wenn es noch kleine Zweifel hinsichtlich des anzusteuernden Zieles gäbe, einen Stift aus seiner Rocktasche und unterschreibt die Dokumente. Die Mutter nimmt jeden in den Arm, das Fegefeuer liegt hinter uns – der Weg zum Heiligen Abend und zum Weihnachtsfest sowie den darauffolgenden nachbarlichen Besuchen und der großen Treibjagd zwischen den Festen ist frei. Und während der Vater schon längst wieder im großen Eß- und Weihnachtssaal ist, in dem die

Familie mit allen Bediensteten den Heiligen Abend Jahr für Jahr feiert, um höchstpersönlich und allein die Christbaumecke und die große Krippe aufzubauen, halten wir drei mit der Mutter noch ein wenig Nachlese hinsichtlich der Noten und der schlimmen Bemerkungen, bis die letzten Schweißperlen auf der Stirn wieder getrocknet sind.

Auf einmal spürt man auch wieder den Duft der Plätzchen und der Pfefferkuchen aus der uns Kindern versperrten Küche, und den Hauch, der ins Haus gebrachten Tannen, nimmt in fröhlicher Stimmung an der Geschäftigkeit teil, in die alle eingeschlossen sind, die den Heiligen Abend und Weihnachten vorzubereiten haben. Wirklich, jetzt weihnachtet es sehr! Kaum im Bett, fallen uns mühelos die Augen zu; draußen tänzeln in dunkler Nacht die Schneeflocken. Eine wahrhaft himmlische Ruhe umfängt Menschen, Tiere und das weite Land.

Und dann bricht der 24. Dezember an. Bis zwölf Uhr mittags wird auf dem Gut gearbeitet; wir Kinder verpacken derweil etwas mühsam und ungelenk unsere kleinen, für die Eltern selbstgebastelten Gaben in buntes Papier, und natürlich fehlt dabei auch nicht eine kleine Zeichnung oder ein abgeschriebenes Verschen.

Die Mägde im Haus haben überall noch unendlich viel zu putzen und aufzuräumen. Wehe, wenn ihnen da einer von uns in die Quere kommt! In der Küche herrscht Hochbetrieb, und immer wieder kommt noch jemand zum Hintereingang von draußen herein, schleppt Schneebatzen mit ins Haus, die sich im Nu zu kleinen Pfützen auf den frischgewachsten Fluren und Gängen auflösen. Das Küchenmädchen ist schon ganz verzweifelt und droht dem nächsten Übeltäter mit dem nassen »Wischkodder«.

Im ganzen Haus, das von Tannenduft und Pfefferkuchenduft erfüllt ist, herrscht eine atemberaubende Geschäftigkeit. Bei all dem hat niemand bemerkt, wie und wann die Christbäume in den seit Tagen sicher verschlossenen, großen Eßsaal gekommen sind. Über allem liegt etwas Geheimnisvolles –

man spürt förmlich das Außergewöhnliche der herannahenden Weihnacht, die alle Herzen bewegt.

Draußen in den Ställen sind die Krippen und Raufen mit frischem Heu und großen Runkeln gefüllt. Pferde und Kühe stehen in wohliger Wärme im frischgeschütteten Stroh. An den Fenstern und Türen der Stallungen glitzern die Kristalle vom gefrorenen Dunst der Tierleiber. Über Wald und Feld steht eine fahle Wintersonne; schneidend kalter Wind treibt den feinen Schnee wie Dünensand vor sich her. Zwölf Grad Frost zeigt das Thermometer an – Himmel und Horizont gehen ineinander über, nur die Waldränder ziehen dunkle Striche.

Aus den Schornsteinen der Guts- und Insthäuser steigt Rauch in den winterlichen Himmel. Das Leben und die Natur scheinen unter Schnee und Eis für kurze Zeit den Atem anzuhalten.

Gleich nach dem einfachen Mittagessen haben wir drei Ältesten noch zwei wichtige Aufträge zu erledigen:

Da ist zunächst das Wild im Wald und in den abgelegenen Brüchen zu füttern. Schon tags zuvor haben die Gespannführer – damals hießen sie noch Knechte – dicke Heuballen gebunden und auf einen Schlitten verladen. Dazu noch einige Säcke gelber und roter Rüben. Diesen Schlitten spannen wir nun an, und hinaus geht's in den kalten Winternachmittag. Futterstelle auf Futterstelle, Raufe auf Raufe werden vom Schnee befreit, gesäubert und mit frischem Heu und den mitgenommenen Rüben versehen.

Das Wild, gar nicht scheu, wartet schon unter den dunklen Tannen, Fichten und Kiefern in sicherem Abstand. – Ein schönes Stück Arbeit, so daß wir trotz der Kälte ins Schwitzen geraten. Dann geht es auch noch vorbei an den Fuchslöchern am Rande der tiefverschneiten Schonung, frische Fährten im Schnee zeigen an, daß die Fuchsfamilien zu Hause ist. Unser jüngster Bruder meint: »Die feiern eben auch Weihnachten«, womit er sicher nicht unrecht hat.

Weiter geht die Fahrt – fast wären wir in einem Hohlweg umgekippt – vorbei an zugefrorenen Tümpeln und Teichen, zu den vom Hauptgut abgelegenen Vorwerken und zu den Wohnungen unserer alten, in Rente stehenden Familien, um den zweiten Heiligabendauftrag zu erfüllen.

Schon Tage vor dem Heiligen Abend mußen die Mädchen im Haus dem Vater das Bügelzimmer herrichten, in dem er dann höchst eigenhändig eine Reihe von Geldscheinen mit dem Bügeleisen funkelnagelneu glatt plättete. Sie wurden in schöne Umschläge gesteckt und diese wieder in Tüten – mit einer guten Flasche, dazu Weihnachtsgebäck aller Art. Diese Tüten gilt es jetzt zu überbringen. Immer abwechselnd zu zweit treten wir in die Wohnungen der alten Leute, während jeweils der dritte von uns die Pferde zu halten hat.

War das immer eine Freude, wenn wir die Alten in ihren kleinen, warmen Stuben besuchten und die Weihnachtsgrüße der Eltern überbrachten! Wie gerne hätten sie, die unendliche Jahre dem Gut gedient hatten, uns festgehalten, um zu erzählen und zu erzählen… Die Herzlichkeit und Liebe, die die Alten unserer ganzen Familie entgegenbrachten und bezeigten, kann mit Worten kaum wiedergegeben werden.

Währenddessen tänzeln »Zeus« und »Jupiter«, die beiden Trakehnerkutsch- und -schlittenpferde, höchst unruhig hin und her. Immer lauter und eindringlicher klingelt das Schellengeläut auf ihrem Rücken, und in der Tat, wir müssen uns sputen. Die Dämmerung ist bereits hereingebrochen. Im Eiltempo fliegt der Schlitten nur so dahin; ab und zu spritzen uns Schaumflocken der Pferde oder Schnee- und Eisstückchen, die die scharfen Stollen unter den Hufeisen von der Fahrbahn absprengen, ins Gesicht. Dann sind wir daheim.

Aus dem Kuhstall dringt der Gesang von Weihnachtsliedern. Es sind die Unterschweizer, die beim Melken an diesem Heiligen Abend so fröhlich und zufrieden singen. Im Gutshaus ist man dabei, sich festlich anzuziehen; das geht bei uns Jungens ganz schnell. Kurz vor sechs Uhr versammelt sich die Familie im Zimmer unserer Mutter, das vor dem Weihnachtssaal liegt, während der Verwalter, das Hauspersonal und die getreuen Stützen des Betriebes sich auf der Gegenseite des Festsaales in der sogenannten »Anrichte« einfinden.

In den sechsten Glockenschlag der großen Standuhr in der Diele mischt sich zum ersten, zweiten und dritten Male das helle fröhliche Klingeln des Christkindes im noch immer verschlossenen Saal. Dann aber öffnen sich die Flügeltüren, und von beiden Seiten betreten gleichzeitig Herrschaft und Personal, alt und jung, zur festlichen Bescherung den von Lichterglanz und Tannenduft erfüllten Weihnachtssaal.

Der Anblick ist für uns alle überwältigend. In einer Ecke des Saales stehen, der Größe nach, etwas abgestuft, drei wundervolle Tannenbäume, über und über mit Lichtern besteckt und mit gold-silbernen Girlanden verbunden, die in sanften Bögen ausschwingen. Die Spitzen aller Zweige tragen große, weiße Lilienblüten, ein aus urerdenklichen Zeiten stammender Schmuck unserer Familie – in jedem Fall einmalig!

In den großen und kleinen Silberkugeln spiegelt sich der Schein der Kerzen, deren Wärme ganz leis das Silber- und Engelshaar bewegt. Vor dieser Baumgruppe und in sie hineingeschoben, zieht sich in knapp einem Meter Höhe ein über drei Meter langer Krippenaufbau hin. Der Stall von Bethlehem, über dem ein großer Stern steht, um den aus den Tannen Engel mit Posaunen herabschweben, Wiesen- und Weideflächen, auf denen alle Tiere des Gutes, aber auch das Wild im Walde wiederzufinden sind; selbst ein kleiner Teich, inmitten des Mooses, aus Spiegelglas, fehlt nicht; und ganz besonders lustig: ein schneeweißer Rodelberg – mit Watte präpariert –, auf dem viele kleine Engelein mit ihren Schlitten fröhlich zu Tal sausen.

In der Mitte des großen Raumes mit den weinroten Tapeten und dem hellen Parkett ist der große Eichentisch auf seine ganze Länge ausgezogen. Auf ihm liegen die Gaben für all unsere Leute, von Mutter mit viel Liebe und Sorgfalt aufgebaut und hergerichtet.

Für uns Kinder schließen sich die Gabentische mit einem Extrabäumchen, das bunte Kugeln trägt und am dessen Zweigen Plätzchen, Zucker- und Marzipankringel hängen, dem Krippenaufbau an.

Im großen Halbkreis ist in dieser Heiligabendstunde die Familie mit allen Getreuen und engsten Mitarbeitern vor den Lichterbäumen und der großen Krippe versammelt. Vater und Mutter stimmen die Weihnachtslieder an: »O Tannenbaum«, »O du fröhliche«, »Ihr Kinderlein kommet« und »Am Weihnachtsbaum die Lichter brennen«. Mächtig braust der Gesang auf, dank der vielen Männerstimmen. Jedermann kennt die Texte und Strophen von A bis Z auswendig – dann sagen wir drei älteren Brüder und unsere kleine Schwester Gedichte auf, die meist die Mutter selbst verfaßt und geschrieben hat. Sodann wendet sich der Vater als Familienoberhaupt und als Herr auf den Gütern und Vorwerken Groß-Falkenau, Rasenfeld, Adlig Bruch, Willenbruch und Bruch Niederung mit einer Weihnachtsansprache und einem kurzen Jahresüberblick an die Seinen und die versammelten Repräsentanten der bei ihm in Diensten stehenden vierundsechzig Gutsfamilien.

Als Rangältester der Getreuen antwortet der graubärtige Hofmeister und Vogt des Hauptgutes, Hermann Krause. Er wünscht der »ganzen verehrten Herrschaft« – so wurde bei uns zu Lande damals die Gutsfamilie bezeichnet – »ein frohes und gesundes Weihnachtsfest«. Das gleiche tut für das im Herrenhaus tätige weibliche Personal die Mamsell! – In dieser bewegenden Stunde stehen nun all die Menschen vor den im Lichterglanz strahlenden Bäumen und der Krippe. Hier und da schneuzt sich einer vor innerer Ergriffenheit oder räuspert sich verlegen. Ein feiner Zug von Mottenpulver mischt sich in den weihnachtlichen Duft – so oft werden schließlich die dunklen und feierlichen Gewänder unserer Leute nicht aus den Spinden geholt.

Und so stehen sie alle nebeneinander wie in einer großen Familie, als könnte es in alle Ewigkeit so bleiben.

Vornan steht der Inspektor Erich Kornblum, Vaters rechte Hand in allen betrieblichen Dingen der Innen- und Außenwirtschaft. Er trägt die volle Verantwortung für Hab und Gut, für Mensch und Tier, wenn die Eltern abwesend sind. Nach Feierabend durften wir Jungens ihm immer die Pfeife stopfen. Auch hat er uns beigebracht, wie man den Fuchs fängt und danach den Fuchsbalg preiswert an unseren braven Felljuden Isaaksohn aus Deutsch Eylau verkaufen kann.

Neben ihm der ergraute Hofmeister Hermann Krause, der täglich mit Vater und dem Verwalter den Arbeitseinsatz der Leute, der Gespanne und des Scharwerks berät und darüber hinaus alle Schlüssel für Speicher, Scheunen und Ställe in Verwahrung hat. Außerdem läutet er die Hofglocke zu Arbeitsbeginn, zum Mittag und zum Feierabend.

Ihm schließt sich unser alter, weißbärtiger Kutscher August Gruhn an. Er ist mit der Familie aufs engste vertraute, weil er ja bei den oft vielstündigen Wagen- und Schlittenfahrten, bei Tag und bei Nacht, alle Gespräche und Unterhaltungen mithört, die das Leben der Familie, ihres Freundeskreises, aber auch betriebliche Dinge betreffen. Die Devise dieses treuen Mannes ist: Alles sehen, vieles hören, aber stets schweigen. Er selbst sagte einmal: »Wer das nicht kann, wird nie ein herrschaftlicher Kutscher sein.« Der Brave ist bis zu seinem Lebensende im Dienste unserer Familie seiner Devise treu geblieben. In seiner Hand lag die Betreuung der Fahrpferde, der Reitpferde, der Fohlen und des Hengstes. Es war seine Sache, daß Wagen, Schlitten und Geschirre stets auf Hochglanz geputzt waren. Bei großen Gesellschaften im Herrenhaus nahm er in dunkelbrauner Livree mit Silberknöpfen und weißen Handschuhen das Amt des Mundschenks wahr.

Es folgt der Stellmachermeister Karl Bach. Ein Uraltfalkenauer, der uns noch viel Interessantes aus dem vorigen Jahrhundert erzählen konnte – so zum Beispiel von einem starken Holzeinschlag dickster Eichen um 1880, die alle nach Danzig und Elbing gingen zum Bau deutscher Torpedoboote. – Sein Erstaunen bei allen möglichen Gelegenheiten brachte er stets mit einem unnachahmlichen »Chotz« zum Ausdruck, wobei er die vielfach gelötete Nickelbrille auf die untere Nasenhälfte fallen ließ. Seine Stellmacherei, in der Felgen und Speichen für die unzähligen Kasten- und Leiterwagen geschnitten und gefugt wurden, war für uns Jungens einer unserer Hauptaufenthaltsorte. – Wie viele Zollstöcke haben wir ihm wohl zerbrochen! – Alle Holzarbeiten lagen in seiner Hand, vor allem der winterliche Betrieb in der Schneidemühle, in der das Bauholz für die neuen Werkwohnungen und der Wirtschaftsgebäude der Gesamtbegüterung geschnitten wurde. – Seine Frau, die »Mutter Bach«, wie wir sie alle nannten, verhalf im eisigen Januar 1918 unserem zweiten Bruder Wolfgang zum Leben, als die Hebamme aus der Kreisstadt Rosenberg im Schneesturm steckenblieb und unserer Mutter nicht helfen konnte.

Dann der Schmiedemeister Konrad Buttler, einstmals Fahnenschmied bei den Jägern zu Pferde in Graudenz. 1914 geriet er in Ostpreußen in russische Gefangenschaft und verbrachte viele Jahre in Sibirien. Ich meine noch heute, daß ich jeden Tag seines Sibirienaufenthaltes kenne – erzählt hat er mir all seine Geschichten, wenn ich ihm beim Hufbeschlag für über sechzig Pferde half, den Blasebalg ziehend oder für ihn die Hufeisen ins glühende Feuer haltend. Die körperliche schwerste Arbeit für den Gutsschmied und seine Gesellen bestand im Aufziehen neuer Eisenreifen auf die schweren Wagenräder. Der Meister Buttler war ein Patriot durch und durch und maßgeblich beteiligt am örtlichen Aufbau des westpreußischen Grenzschutzes. Auch dem »Stahlhelm« und dem Kriegerverein opferte er seine Freizeit. Seine Frau stammte aus Tiegenhof; seine drei Söhne Karl, Gerhard und Heinz waren unsere besten Spielgefährten.

Neben ihm steht der Oberschweizer Josef Rottach, aus dem bayerischen Oberland stammend. Sein Lebensweg hatte ihn über ein Gut in Posen zu uns nach Westpreußen geführt. In seiner und seiner fünf Söhne Obhut standen die über einhundertzwanzig Kopf starke schwarz-weiße Herdbuchherde sowie die Aufzucht der Jungtiere und Kälber. Er und seine Frau Kreszentia hatten miteinander achtzehn Kinder. Das verschlug selbst den alteingesessenen Falkenauern den Atem. Die Familie hielt wie Pech und Schwefel zusammen; die Söhne waren wegen ihrer Rauflust, zum Beispiel beim Erntefest oder auf anderen Festen in Charlottenwerder und der enormen Körperkräfte bei den anderen Burschen gefürchtet, bei den »Marjellen« dagegen sehr beliebt. Wenn der alte Rottach bei irgendwelchen Feiern über den Durst getrunken hatte, jodelte er zur Freude der pruzzischen Gutsleute, in erster Linie aber zu Ehren seines geliebten Königs Ludwig im fernen Bayern.

An seiner Seite sehen wir den Chauffeur Friedrich Liedtke aus Adlig Bruch. Seit 1928 ist er ständig mit dem damals noch recht unzuverlässigen neuen Auto beschäftigt. Im grauen Alltag brummelte er oft vor sich hin. Wenn er aber bei Einladungen im Herrenhaus, in der Kutscherstube Ziehharmonika spielend seinen Berufskollegen von den Nachbargütern die Wartezeit verkürzte, war er einer der Lustigsten.

Die Reihe setzt sich fort mit dem Hofmaurermeister Josef Ankowsky, zuständig für alle Maurer-, Ofensetzer- und Anstreicharbeiten. Er war der Fröhlichste unter den Falkenauer Gutshandwerkern. Bei seinen Arbeiten erzählte er uns oft die tollsten Geschichten aus der fernen Türkei, wohin ihn der Erste Weltkrieg verschlagen hatte. Eine Art Tausendsassa, flink, behende und weit über seine Maurerkünste auch auf vielen anderen Gebieten zu gebrauchen. So spielte er im Elternhaus gelegentlich den Hofbarbier, wenn Logiergäste den Weg zur Stadt nur um einer Verschönerung von Kopf und Bart willen scheuten. All diese Eigenschaften halfen ihm auch über die gefährlichen und immer wieder hartnäckig aufflackernden Gerüchte hinweg, daß er mit seinem Schwager Jendrikowsky, unserem

Schäfer, auf dem Vorwerk Willenbruch gelegentlich der Wilderei frönte. – Nun, auch im Bereich des Dominium Groß-Falkenau – alle Gespanne trugen dieses Namensschild auf den Geschirren – kannte man nicht nur den Mantel der Nächstenliebe, sondern auch den des Vergessens und Vergebens.

Als Vorletzter in der Reihe steht der Maschinist der Gutsbetriebe, Karl Lindner. Baumlang, kerzengerade, Gardemaß. 1918 wurde er mit seiner Familie aus Bromberg ausgewiesen, weil er und seine Angehörigen alle für Deutschland optiert hatten. Wenn Lindner hinter seinen schweren und fauchenden Dampflokomobilen stand, die Dreschmaschine und Schneidemühle antrieben, dann hätte man glauben können, daß es seine persönlichen Kräfte waren, die die Kolosse antrieben. Wortkarg und schweigsam gehörte er zu den zuverlässigsten Männern im Dienst der Eltern; seine Frau, mit einem gutgeschnittenen Gesicht, lehrte die heranwachsenden Mädchen in der Groß-Falkenauer Volksschule das Stricken und Schneidern; gelegentlich aber auch bei ausfallendem Religionsunterricht das Beten. – In der guten Stube bei Lindners lag immer die dicke Bibel auf dem Tisch. – Im Kriegerverein trug Karl Lindner die Fahne. Sein Sohn Erwin war der Schulbeste; seine Tochter Erna war im Gutshaus Mamsell und die rechte Hand unserer Mutter in allen Bereichen der Hauswirtschaft. In der Familie hieß sie nur »unser Kochchen«.

Das Schlußlicht in der langen Reihe der Getreuen an diesem Weihnachtsabend bildet der erste Gespannführer Karl Morgenroth, immer mitdenkend im Sinne der Betriebsführung und ihres Chefs. Im großen Ackerpferdestall und bei allen Arbeiten mit den Pferden auf den Feldern oder beim Antransport der Kartoffeln und der Zuckerrüben zur Bahnstation hatte er ein gewichtiges Wort mitzureden.

Kaum einer dieser prächtigen Männer, der nicht mit seiner Familie Jahrzehnte auf Groß-Falkenau gelebt und gearbeitet hat. Die Söhne arbeiteten im Gutsbetrieb, die Töchter dienten »im Hof«, wie die Leute sagten – das heißt im Gutshaus als Stuben- und Zimmermädchen, als Mamsell oder Küchengehilfin, bis sie heirateten und einen eigenen Hausstand gründeten.

Jetzt führen die Eltern sie an die für sie bestimmten Gabentische. Für jeden gibt es etwas Praktisches, aber auch echt Weihnachtliches. Die Männer erhalten Sachen zum Anziehen, eine Flasche Korn oder Machandel, Tabak und Gebäck. Die Frauen und Mädchen im Haus Aussteuerwäsche, Seife, Riechfläschchen, Schokolade und Plätzchen.

Und während sich die so Bescherten ihre Geschenke und Gaben ansehen, stehen wir Kinder vor der Krippe und warten, bis uns die Eltern an unsere Plätze mit den Spielsachen, Büchern und bunten Tellern geleiten. – Zugegeben, eine harte Geduldsprobe – aber keine schlechte.

Zum Schluß schließt sich noch einmal der Kreis. Das laute, freudige Erzählen, Reden und Schwadronieren verstummt, zum letzten gemeinsamen Weihnachtslied an diesem Abend. – »Stille Nacht, heilige Nacht«, und dann packen die Männer ihre Gaben in eigens dafür bereitgelegte blau- oder rot-weiß-karierte Kopfkissenbezüge, weil es damals so große Tüten gar nicht gab, verabschieden sich mit Handschlag von jedem einzelnen von uns und treten hinaus in den winterlichen Weihnachtsabend, um durch den Schnee zu ihren Familien zu stapfen. – Über ihnen funkeln die Sterne des preußischen Heimatlandes.

Für uns Kinder aber beginnt jetzt das Weihnachtsfest im engsten Kreis mit den Eltern, Geschwistern, der alten gütigen Tante Mie, die den Soldatengroßvater Ritgen bis zu seinem Tode pflegte und jetzt der Mutter zur Hand geht, und dem Inspektor und Eleven, die mit im Gutshaus wohnen. – Von Ferne dringt der Ton der dicken Glocken unserer ehrwürdigen Rosenberger Ordenskirche an das Ohr. Sie läuten die Weihnacht ein.

So war es Jahr für Jahr am Heiligen Abend in Groß-Falkenau. – Unvorstellbar für uns alle, daß es je hätte anders sein können! Die Welt schien uns heil für alle Ewigkeit, bis – ja bis wir es anders erfuhren. Aber in der Erinnerung ist alles so geblieben. Dafür sei dem Himmel Dank!

Die Treibjagd

Überall in Ost- und Westpreußen fanden nach Weihnachten bis Mitte Januar auf den Gütern große Treibjagden statt. Damit sich diese nicht überschnitten, hatte es sich eingebürgert, sie alle zwei Jahre auf den jeweiligen Besitzungen stattfinden zu lassen. Für uns Kinder, aber auch für das ganze Gutsvolk, war dieser Tag, an dem die Treibjagd stattfand, ein aufregendes Ereignis. Gegen neun Uhr früh bei Kälte oder Schneetreiben versammelten sich etwa zwanzig Schützen. Mit großem Interesse verfolgten wir bereits die Anfahrt der Jäger. Interessant war schon ihre Ausrüstung. Meist mit dicken Pelzjacken und Pelzmützen versehen, trugen sie über ihrer Schulter die Jagdgewehre und um den Leib herum einen Gürtel, an dem die Patronentaschen und manchmal auch ein Fläschchen als »Zielwasser« befestigt waren. Mein Vater als Jagdherr begrüßte alle seine Jagdgäste, hieß sie willkommen und gab die Konditionen bekannt. Geschossen werden durften nur Hasen, Füchse und Wildschweine.

Dann fuhren vor dem Herrenhaus vier große Kastenschlitten vor, auf denen die Jäger Platz nahmen. Ebenso mußten die Treiber mit Schlitten ins Feld gefahren werden. Sie wurden angeleitet durch den Falkenauer Hofmeister Krause und den Rasenfelder Hofmeister Kalinna. Es wurden große Kessel gebildet, die jeweils etwa dreißig Hektar umfaßten. Mit einem Jagdhorn wurde das Treiben freigegeben. Zwischen den einzelnen Schützen nach links wie nach rechts befanden sich unsere Gutsleute, mit Stöcken bewaffnet, die sowohl das Gehen durch den tiefen Schnee als auch über die steinhart gefrorenen Ackerfurchen erleichterten. Zugleich wurden die Stöcke aber auch benutzt, um an die Bäume und Sträucher zu schlagen, begleitet von dem Ruf der Treiber »Hoas up« (Hase auf). Die Hasen hatten sich in der Winterzeit oft in die Ackerfurchen gelegt und sich vom Schnee zuwehen lassen.

Jetzt aber kamen sie aus ihrer Deckung und liefen hakenschlagend durch den langsam kleiner werdenden Kessel. Das war nun die Stunde, in der die Jäger gefragt waren. Es gab ein Riesenhallo, wenn ein Hase erlegt wurde, aber auch das gleiche Hallo, wenn ein Jäger vorbeischoß und dem Meister Lampe die Flucht aus dem Kessel gelang. Besonders aufregend war es, wenn sich im Kessel ein oder zwei Füchse befanden. Mit lautem Gebrüll riefen die Treiber »ein Fuchs, ein Fuchs«. Nicht umsonst waren die Füchse schlau. Mit sicherem Instinkt entdeckten sie die Schwachstellen bei den Jägern und in der Treiberkette, und bei dem Versuch ihres Ausbruchs aus dem Kessel mußten die Jäger höllisch aufpassen, daß sie im Jagdeifer nicht einen Treiber anschossen. Wenn auch die Jagdmunition nur aus Schrotpatronen bestand, konnte es doch passieren, daß ein Treiber angeschossen wurde. Bei uns zu Hause ist das allerdings niemals vorgekommen, und alle Witzchen über solch einen Vorgang sind meist weit übertrieben. Wenn der Kessel geschlossen war, wurden die erlegten Hasen an den Hinterläufen zusammengebunden und an einer Stange in einem Schlitten aufgehängt. So wurde ein Kessel nach dem andern durchgetrieben. Für alle bedeutete das eine große Anstrengung auf den schneeverwehten Feldern. Besonders schwierig war aber die Jagd im Wald. Hier konnte kein Kessel gebildet werden, weil Bäume, Sträucher und Gestrüpp die Sicht hinderten. Man half sich damit, daß die Schützen sich wie auf einer Perlenschnur aufstellten, natürlich in Sichtweite, und die Treiber ihnen das Wild entgegentrieben. Wichtig war es hierbei, daß die Treiberkette rechtzeitig vor der aufgestellten Jägerreihe angehalten wurde. Die Schwarzkittel im Wald hatten, Böses ahnend, sich oft über die Grenze zum Nachbarforst durchgedrückt. Doch ab und zu gelang es auch, den einen oder anderen zu erlegen.

Hier im Wald wurde auch nach vier Stunden Jagd Mittag gemacht. Ein Schlitten mit einem großen Kessel voll Erbsensuppe und Speck kam auf ein Holzfeuer, und rundherum standen Jäger und Treiber und stärkten sich mit Vergnügen. Selbstverständlich fehlten auch nicht ein guter Korn oder Cognac. Jeder erzählte von den bisherigen Erlebnissen, von Erfolg oder Mißerfolg. Das war zugleich die Grundlage für späteres Jägerlatein. Nach dem Essen ging die Treibjagd weiter und endete gegen fünfzehn Uhr, als langsam die Dämmerung hereinbrach. Die Strecke wurde »verblasen« und auf einen Schlitten zum Gutshof gebracht. In der Mitte der zwanziger Jahre betrug sie etwa achtzig bis hundert Hasen, drei bis vier Füchse und ein bis zwei Schwarzkittel. Anfang der dreißiger Jahre war sie erheblich geringer. Die Ursache dafür lag in der Intensivierung der Landwirtschaft, dem höheren Gebrauch von Düngemitteln und dem Einsatz von Maschinen.

Alle versammelten sich wieder im Gutshaus, die Treiber suchten ihre Häuser im Gutsdorf auf und hatten nach diesem Wintertag das Ausruhen wahrlich verdient.

Im Herrenhaus brach jetzt die Stunde unserer Mutter mit ihrem Personal an. An einer festlich gedeckten Tafel für vierundzwanzig Personen gab es Kaffee und Kuchen und entsprechende Getränke. Damit war viel Arbeit verbunden, aber auch, wie unsere Mutter immer sagte, viel Freude. Der Älteste der Jagdgesellschaft sprach den Eltern seinen Dank aus, und gleichzeitig wurde derjenige, der die größte Anzahl von Wild geschossen hatte, zum Schützenkönig erklärt. Auch er mußte eine kurze Rede halten.

Am frühen Abend fuhr dann die Jagdgesellschaft in ihren herrlichen Kutschschlitten heim. Die Stimmung war fröhlich und ausgelassen. Wir Jungens ließen es uns nicht nehmen, die abfahrenden Schlitten mit lautem »Gute Fahrt« zu verabschieden. Als wir schon im Bett lagen, meinte mein dritter Bruder sorgenvoll: »Jetzt sind alle Osterhasen weg.« In diesem Fall beruhigte mein Vater den kleinen Egon und sagte nur: »Paß auf, Ostern sind wieder welche da.«

Das Schmackostern

Die Frühlingssonne hat den Winter vertrieben. Überall zwischen einzelnen Schneeplacken stoßen die Schneeglöckchen, Leberblümchen und auch die Anemonen an geschützten Stellen zum Sonnenlicht hervor. Wege und Felder trocknen ab, nur hier und da sind noch Wasserlachen auf der Wintersaat, weil der Boden noch gefroren ist. An den Wasserläufen summen um die Weidenkätzchen Bienen und Hummeln, und das Gezwitscher der Singvögel wird von Tag zu Tag fröhlicher und lauter. Kein Zweifel, der Winter ist vorbei und der Frühling naht mit großen Schritten von Stunde zu Stunde. Die Menschen atmen auf, freuen sich über jede neue Blüte und über das stärker werdende Grün an Sträuchern und Büschen. Kein Wunder, der Winter in West- und Ostpreußen – und damit auch bei uns zu Hause – ist lang und kalt. Die

Übergänge vom Winter und Frühling sind ebenso kurz wie vom Herbst auf Winter. Und nun steht Ostern vor der Tür. Es ist bei uns zu Hause ein Frühlingsfest, wenn es nicht noch einmal schneit. Das kam öfter vor. Wovon hier zu berichten ist, hat nichts mit dem Osterhasen zu tun.

Spätestens mit Schulbeginn – bei uns nach Ostern – hörte der Glaube an den Osterhasen auf, um so mehr jedoch wurde von ihm gesprochen. Das galt für jung und alt. Es wäre ein entsetzliches Unglück gewesen, wenn am ersten Osterfeiertag nicht in Haus und Garten die bunten Ostereier gesucht worden wären. Bei uns zu Hause gab es einen Verteilerschlüssel. Jeder bekam fünf Ostereier in herrlichen bunten Farben. Dazu noch Schokoladeneier und andere österliche Süßigkeiten. Ich kann mich erinnern, daß unser Vater achtzig Eier in Garten und Park versteckt hatte, die gesucht werden mußten, und zwar von allen Familienmitgliedern, dem Hauspersonal, dem Verwalter und Gehilfen. Trotz intensivster Suche, die sich über eineinhalb Stunden erstreckte, konnte ein kleiner Teil nicht gefunden werden. Nach dem Kaffee um vier Uhr mußten wir Kinder zur Nachsuche aufbrechen, die uns äußerst lästig war. Der Lohn war jedoch, daß wir das Gefundene behalten durften.

Doch für uns Jungens war der Ostermontag noch ein besonderer Tag. In aller Frühe wurde »schmackostert«; ein uralter Brauch pruzzischer oder slawischer Herkunft. Volkskundler wissen nicht genau, wo das Wort »Schmack« einzuordnen ist. Wir Kinder haben uns natürlich darüber keine Gedanken gemacht, sondern gingen am Karfreitag am Nachmittag mit unseren Spielgefährten aus dem Gutsdorf in den Wald und schnitten uns kleine Wacholderäste ab, die wir zu Hause sorgfältig versteckten. Zuvor aber hatten wir schon die Schlafzimmerschlüssel, sowohl von den Eltern als auch von den Hausmädchen abgezogen, damit wir am Ostermontag in aller Herrgottsfrühe in deren Zimmer stürmen konnten. Was geschah nun: Die Bettdecken wurden hochgezogen und mit den Büscheln auf die Füße und Beine eingeschlagen. Das gab ein tolles Hallo, dauerte nicht allzulange, dann wurden wir mehr oder weniger sanft aus den Zimmern vertrieben. Alles spielte sich in Nachthemden ab. Es galt die Spielregel, daß die Bettdecke nur bis zum Knie weggezogen werden durfte. Alles andere galt als unschicklich.

Als wir zwölf Jahre alt waren, erklärte uns die Mutter, daß diese österliche Peinigung nicht für ältere Buben sei und daß wir nicht mehr schmackostern dürften, zumal ihr zu Ohren gekommen sei, daß wir bei unseren Hausmädchen die Kniegrenze nicht eingehalten hätten. Wir beiden älteren Brüder nahmen die Entscheidung mit Gelassenheit hin. Unser dritter Bruder Egon meuterte und meinte, für ihn gelte die Weisung der Mutter nicht, denn er sei erst neun Jahre alt. Großzügig erlaubte sie ihm, daß er allein schmackosterte, was ihm aber zu langweilig war. Damit war der Fall ausgestanden. Aber nicht nur im Herrenhaus, sondern auch in den Familien des Gutsdorfes, und auch beim Lehrer wurde dieser Brauch geübt. Überall gab es den gleichen Lohn: Die Gepeinigten mußten etwas von ihren Ostergaben an die Schmackosterer abgeben.

Feuersbrunst

Es war im Hochsommer 1925 an einem Samstag. In der Nacht hatte es etwas geregnet, so daß am Vormittag dieses Tages eine Unterbrechung der Erntearbeiten stattfinden mußte. Gegen Mittag schien aber die Sonne, und alle unsere Menschen waren aufs Feld gezogen, um noch einmal die Hocken umzustellen, damit der Wind die Garben trocknen konnte. Mein Vater und meine Mutter waren mit meinem jüngeren Bruder Egon im Kutschwagen zu den Feldern hinausgefahren, um den Leuten in großen Milchkannen eisgekühltes Essigwasser zu bringen, was besonders gut den Durst löschte. Auf dem Gut selbst waren nur ganz wenige Leute zurückgeblieben, ebenso im Gutsdorf, wo die alten Omas die Kinder und ihr Viehzeug bewachten.

Gegen fünfzehn Uhr fuhr ein Hofjunge mit einem Einspännerwagen Stroh in eine

Feldscheune. In dieser war schon eine große Erntemenge untergebracht. Der Rest dieser Scheune sollte am Nachmittag gefüllt werden. Dabei überfuhr er ein Stromkabel, das zu dem Höhenförderer (Elevator) führte. Das Kabel riß aus dem Verschluß, es gab eine Stichflamme und schon entstand ein kleines Feuer. Da außer mir und zwei kleinen Jungen niemand da war, der sofort helfen konnte, breitete sich das Feuer in Sekundenschnelle aus und erfaßte die ganze Scheune. Dicke Rauchschwaden stiegen gen Himmel, so daß auch die Menschen auf den Feldern das Feuer bemerkten, das auf dem Gutshof ausgebrochen war. In Windeseile und im Galopp fuhr alles nach Hause. Inzwischen hatte der Schmiedemeister Buttler schon dafür Sorge getragen, daß die Feuerwehren von den umliegenden Gütern und Dörfern benachrichtigt wurden. Im ganzen Gutshof entstand eine Riesenaufregung. Es wurden Ketten gebildet, die die Wassereimer an das Feuer brachten, ebenso wurden Schläuche der eingetroffenen Feuerwehren zum Brunnen und zum Parkteich gelegt. Die Gefahr, daß das Feuer von der lichterloh brennenden Feldscheune auf den

Speicher und den großen Viehstall überging, war sehr groß.

Die Scheune selbst mit einer Ernte von etwa fünfzehn Hektar Getreide, was einer Getreidemenge von etwa siebenhundert Zentnern Korn entsprach, war nicht mehr zu retten. Daher richteten sich alle Löschbemühungen auf die in der Nähe stehenden Gebäude. Während dieser Turbulenzen zog unsere Mutter uns Kinder aus dem allgemeinen Gewimmel fort, weil wir vollkommen verstört waren und jämmerlich weinten.

Wir alle hatten Angst, daß auch das Gutshaus von der Feuersbrunst erfaßt werden könnte. Ein fürchterlicher Gedanke! Die Mutter führte uns in das Wohnzimmer und sagte: »Jetzt müssen wir zum lieben Gott beten, daß wir verschont bleiben.« Wir vier Geschwister – der jüngste Bruder wurde erst 1927 geboren – knieten nieder und beteten mit der Mutter und drei Ferienkindern, unter ihnen meine spätere Frau, mehrfach das »Vaterunser«, das »Gegrüßest seist Du Maria«, die Abend- und Morgengebete und was wir noch alles wußten. Unmerklich trat Ruhe und Zuversicht in alle Kinderherzen. Alle zehn

Minuten ließ sich unsere Mutter von einem Zimmermädchen melden, wie es draußen auf dem Hof und an der Feuerstelle aussah. Auch diese Auskünfte trugen zur Beruhigung bei.

Während wir so eingefangen und aus dem Trubel herausgezogen wurden, passierte draußen noch folgendes:

Die große, über hundert Kopf starke Viehherde weidete weit vom Gutshof entfernt. Sie war nicht in Gefahr. Aber etwa vierzig Kälber waren im Viehstall, dessen Dach schon Feuer gefangen hatte. Sie wurden schnellstens von zwei Unterschweizern in den großen umzäunten Apfelgarten getrieben, wo sie sicher waren. Ferner waren aber im Viehstall drei Bullen. Einer der Schweizer machte, weil er sich nicht anders zu helfen wußte, die Stiere los, die sofort aus dem Stall rasten. Zwei davon liefen ins Feld, der größte und stärkste stürmte in Richtung des Gutsdorfes. Dort hatten mehrere alte Frauen, die die Kleinkinder hüteten, sich auf den Weg zum Gutshof gemacht, und als sie die halbe Strecke erreicht hatten, sahen sie voller Entsetzen den Bullen auf sich zukommen. Ein Entkommen war nicht möglich, weil sie vor Schreck nicht laufen konnten. Als der Bulle schnaufend und prustend sie fast erreicht hatte, drückten sie sich an einen Zaun mit abgewandtem Gesicht, und eine der Alten seufzte schicksalsergeben: »Herr Gottje, Herr Gottje, nu laß werden was will.« Der Bulle stürmte an ihnen vorbei, ohne sich um sie zu kümmern und raste ins Dorfgut, wo unsere Familien ihre Wohnungen hatten. Als erstes jagte er hinter den Gänsen, Enten und Hühnern her. Die noch verbliebenen alten Frauen im Dorf brachen in ein fürchterliches Geschrei aus und sammelten zunächst die Kleinkinder ein. Währenddessen nahm der Bulle alles, was nicht niet- und nagelfest war, auf die Hörner und richtete eine ziemliche Verwüstung an.

Schließlich lief er in die nahe gelegene Wiese, durch die sich ein kleiner Wassergraben zog, und löschte dort seinen Durst. Der Versuch, den Bullen wieder einzufangen, schlug zunächst fehl, zumal die Männer noch alle mit dem Löschen des Feuers beschäftigt waren. So tummelte er sich bis zum Abend noch furcht- und schreckerregend in der Wiese. Die Menschen hatten sich in ihren Häusern verbarrikadiert und wagten nur einen kurzen Blick durch einen Türspalt, um zu sehen, was der Unhold noch vorhatte. Gegen Abend kam dann einer der Schweizer, der ihm auch im Stall immer Futter gab, mit einer Stange, an deren Ende ein Haken befestigt war, redete dem Tier gut zu und faßte ihn an den Nasenring. Gemächlich trabte er dann mit seinem Vertrauten wieder zum Hof zurück. Auch die beiden anderen Bullen, die ins Feld gelaufen waren, wurden in ähnlicher Weise eingefangen.

Für uns Kinder war dieser Samstag ein Schreckenstag. Die vom Feuer zerstörte Scheune und die durch die Löscharbeiten verursachte Unordnung in Hof und Garten waren beklemmend. Abends beteten wir erneut, daß so etwas nie wieder geschehen möge.

Der mißglückte »Elchtest«

Es muß etwa im Jahre 1928 gewesen sein. Unser jüngster Bruder war ein Jahr zuvor geboren und der Sonnenschein der Familie. Für den Kleinen hatte die Mutter ein Kindermädchen engagiert, es war die Edith, die wir abgekürzt Dia nannten. Sie hatte nicht nur den Kleinen zu versorgen, sondern auch für uns Jungens Strümpfe zu stopfen, Knöpfe anzunähen und was es sonst noch gab. Der kleine Bruno wurde täglich in einem Kinderwagen spazierengefahren, damit er an die frische Luft kam. Dieser Kinderwagen war ein Monstrum, wahrscheinlich noch aus dem vorigen Jahrhundert. Hohe Räder mit Drahtspeichen, darauf ruhend ein geflochtener Korb und am Kopfende ein Verdeck gegen Regen und Sonne. In diesem Gefährt lag nun immer der kleine Wicht, und wir größeren Jungens waren sehr erpicht darauf, ihn selbst zu fahren. So war es auch an einem herrlichen, sommerlichen Vormittag, als wir hinter dem Herrenhaus durch den Park zum großen Gewächshaus und dem sich anschließenden Gemüsegarten fuhren. Die Mutter ermahnte uns alle, ja nicht zu dicht an den Bienenstöcken vorbeizufahren, vor allem nicht nach den Bienen zu schlagen, weil die sonst stechen würden. Das Kindermädchen hatte außerdem noch den Auftrag, in einem kleinen Erdbeerfeld Erdbeeren für die Milchsuppe zum Mittagessen zu pflücken. Von dem Gewächshaus führte ein schmaler Weg einen leichten Hang hinunter, der am Ende in ein Kohlfeld mündete. Während die Dia sich an ihre Arbeit machte, durften wir den Kinderwagen fahren. Was gab es Schöneres, als mit Karacho den Weg hinunterzufahren, an dessen Ende wir nun entweder nach rechts oder links abbiegen mußten. Wir einigten uns, daß jeder von uns abwechselnd den Wagen lenken durfte. Mit großem Saus ging es den Hang hinunter, der kleine Bruno quietschte vor Vergnügen, und das fanden wir gut, weil wir das Gefühl hatten, ihm eine große Freude zu machen. Ich hatte mit der Talfahrt angefangen, dann kam mein zweiter Bruder Wolf an die Reihe und jedesmal mußte der Wagen wieder auf den Berg heraufgeschoben werden.

Jetzt kam der dritte Bruder Egon dran. Mit seinen neun Jahren reichte er knapp an die Griffstange des Wagens heran. In sausender Fahrt fuhr er den Hangweg herunter. Wir zwei anderen folgten ihm.

Das Kindermädchen schaute aus der Entfernung dem Treiben zu, ohne daran zu denken, daß unsere Talfahrten nicht ganz ungefährlich waren. Am Ende des Weges verlor in der Kurve Bruder Egon die Gewalt über das Vehikel, es kippte um und in hohem Bogen flog der kleine Wicht mit Decken und Kissen und was sonst noch im Wagen war, über die angrenzenden Johannisbeersträucher in das Kohlfeld. Er schrie wie am Spieß, der Wagen lag mit den Rädern nach oben, und da es in der Nacht geregnet hatte, war die Erde feucht und alles im höchsten Maße schmutzig und verdreckt.

Wir drei standen vor dem Durcheinander wie versteinert da, das Kindermädchen stürzte fluchend und schimpfend herbei und sagte nur: »Was habt ihr da bloß gemacht!?« Sie nahm zunächst den Kleinen auf, beseitigte den größten Schmutz, und wir stellten das Gefährt wieder auf die Räder. Was nun? Die Dia meinte, jetzt müßten wir sofort ins Haus, schob sicherheitshalber selbst den Wagen, und wir trotteten mit gesenktem Kopf im Gänsemarsch hinterher. So kamen wir am Kücheneingang an, wo sich zu unserem Unglück auch unsere Mutter aufhielt. Sie sah sofort, daß etwas Schlimmes passiert war, glaubte zunächst, daß die Bienen über uns hergefallen seien, aber nach weiterem Verhör wußte sie genau, was geschehen war. Zunächst schimpfte sie das Kindermädchen aus, weil es nicht auf uns aufgepaßt hatte. Wir drei Jungens kriegten von ihr mit lockerer Hand eins hinter die Ohren, dann wies sie uns an, auf unser Spielzimmer zu gehen. »Heute kommt ihr mir nicht mehr aus dem Haus, und Mittagessen gibt es für euch auch nicht. Ihr könnt von Glück sagen, daß der Vater jetzt nicht hier ist, der würde euch den Hosenboden vollhauen.«

Dieser Meinung waren wir allerdings auch. Und während der Kleine immer noch weinend und jammernd wieder gesäubert wurde und ein kleines Pflaster auf eine geringe Kopfschramme geklebt wurde, fühlten wir uns an diesem Sommertag, an dem uns allen das Lachen vergangen war, regelrecht eingesperrt. Wir beschäftigten uns in unserem Spielzimmer mit dem Aufbau winterlicher Spielsachen, wie der Eisenbahn, der Burg und dem Dorf mit Bäumchen. Draußen schien die Sonne, die Vögel sangen, und wir saßen nun wie im Karzer eingesperrt und spielten nur mißmutig vor uns hin.

Als die Mittagszeit anbrach, meinte der Unglücksfahrer: »Jetzt habe ich aber Hunger.«

Wir beiden anderen aber erinnerten ihn, daß das Mittagessen für uns heute ausfiel.

Da fiel mir ein, daß ich in meinem Spielfach noch einen großen Schokoladenosterhasen aufbewahrte. Er war so schön in seiner Verpackung gewesen, daß ich ihn nicht geschlachtet hatte. Jetzt bedeutete er unsere Notverpflegung. Redlich geteilt schmeckte die Schokolade tausendmal besser als zum Osterfest. Immer etwas in Reserve haben, das lernten wir hier, ist eine gute Sache. Erstaunt waren wir nur, daß nicht inzwischen der Vater bei uns erschienen war. Wir mußten annehmen, daß die Mutter ihm beim Mittagessen, wo wir ja fehlten, alles erklärt hatte und daß weiteres arges Ungemach uns noch blühte. Gegen halb drei fiel Egon eine kleine List ein. Er schlich sich in das Kinderzimmer, wo der Kleine in seinem Bettchen jetzt nicht mehr jammerte, sondern selig schlief. Er lüftete etwas die Bettdecke und kitzelte ihn an der Fußsohle. Der kleine Wicht wachte auf und lächelte. Das nahm Egon zum Anlaß, um spornstreichs die Mutter zu suchen, die er auch schnell fand und ihr zu sagen: »Mutti, das Brüderchen lacht schon wieder, können wir jetzt draußen spielen?«

Die Mutter, zunächst noch etwas grimmig, sagte nur: »Das glaube ich dir nicht.« Aber unser dritter nahm sie bei der Hand und führte sie an das Bettchen des Kleinen. Und tatsächlich lachte er, aber nicht wegen des Kitzelns an der Fußsohle, sondern weil die Mutter sich jetzt über ihn beugte. Gerührt meinte sie: »Jetzt raus mit euch!«

Am Abend trafen wir mit unserem Vater zusammen, der uns schweigend anschaute, keinen Stock in der Hand hatte, sondern nur sagte: »Der alte Kinderwagen ist fürs Kurvenfahren nicht geeignet. So was kann passieren, wenn ihr nicht aufpaßt, jetzt marsch ins Bett!« – Was wir auch sofort befolgten. Wir drei waren der Meinung, eins zu null für unseren Vater. Die Mutter aber kam wie jeden Abend zu uns ins Schlafzimmer und betete mit uns das Nachtgebet, den Dank einschließend, daß uns ein Schutzengel vor Schlimmerem bewahrt hatte. Traumlos schliefen wir ein – unsere Welt war wieder heil – bis zum nächsten Mal.

Der Kuß unter Wasser

Alljährlich, wenn die Sommerferien Ende Juni bei uns in Ostpreußen begannen, stellte sich auch Logierbesuch ein. Das waren Onkel und Tanten, Vettern und Cousinen und Freunde der Eltern. Wir Kinder freuten uns auf diese Sommerzeit besonders, weil das Leben im Herrenhaus in ungewöhnlicher Weise pulsierte. Eine besondere Attraktion war die Fahrt zum Cölnsee, um dort zu baden und zu schwimmen. Aber ohne Schweiß kein Preis.

Mutter und Vater erklärten, vormittags müßten wir erst alle in den großen Gemüsegarten, um Johannis- und Himbeeren zu pflücken, die – soweit nicht im eigenen Haus verbraucht und verarbeitet – nach Deutsch Eylau auf den Markt gebracht wurden. Diese Arbeit war zwar nicht schwer, aber wir fanden sie lästig und einen Widerspruch gegen die Anweisung der Mutter oder des Vaters gab es nicht. So machten wir uns daran, eingedenk des Versprechens, daß wir nachmittags alle zum Baden fahren durften. Ein Feldwagen mit seitlichen Sitzen faßte uns zehn Jugendliche leicht. Mitgenommen wurden Schmalzbrote und Milchkaffee. Die Erwachsenen fuhren in einem Extrawagen hinter uns her. Kein Wunder, daß sich in dem »Jungenshaus« in Groß-Falkenau auch kleine Liebeleien einstellten, die von den jeweiligen Müttern sorgfältig unter Kontrolle gehalten wurden.

Eines Tages waren wir in dieser Formation wieder an der Badestelle des Cölnsees, der etwa zwei Kilometer lang und halb so breit war. Auch dieser See war von der Badestelle aus gesehen von Wald umrahmt, der ein bißchen vom Ufer abgesetzt war. Zwischen dem Ufer und dem Wald waren Wiesen, auf denen von den Bauern Vieh weidete. Zu dieser Zeit – ich war etwa achtzehn Jahre alt – hatte ich mich total verliebt in ein junges Mädchen, Tochter der befreundeten und in Jena lebenden Familie Christ. Aber inmitten dieser Jugendschar war eine Annäherung außerordentlich schwierig. Ich hatte mehrfach versucht, der Traudel Christ, die drei Jahre jünger war als ich, einen Kuß zu geben, sie war, glaube ich, auch nicht abgeneigt für solch ein Vorhaben, aber das hätte uns unter den jüngeren Geschwistern, Cousinen und Vettern, ein schallendes Gelächter, wenn nicht sogar Spott und Hohn eingetragen.

Aber diesmal hatten wir einen Plan gefaßt: Wir schwammen einfach weit in den See hinaus, daß uns die Mitbadenden nur schlecht ausmachen konnten, und als wir uns einander annäherten, erscholl vom Ufer bereits ein Mordsgeschrei. Was blieb übrig, wir tauchten unter Wasser und gaben uns da den ersten Kuß unseres Lebens. Der schmeckte natürlich nach Seewasser, war enttäuschend, aber immerhin, wir hatten unserem jungen Volk am Ufer ein Schnippchen geschlagen. Vom Ufer genau beobachtet waren wir verschwunden, wenn auch nur für kurze Zeit, und einer meiner jüngeren Brüder rief: »Jetzt sind sie untergegangen!«

Eine Rettungsaktion wurde ausgelöst mit aufgepumpten Autoschläuchen – alles umsonst. Wir schwammen mit kräftigen Stößen wieder ans Ufer, wurden sofort wegen des Abtauchens »verhört« und erklärten dann schließlich: »Wir werden doch wohl mal nach den Fischen schauen können.« Ungläubige Mienen bei den Müttern, die übrige Korona hielt sich mit diesem Vorgang nicht weiter auf. Aber Traudel und ich hatten von da an ein Geheimnis, das wir lange Zeit für uns bewahrten.

Dieser »Unterwasserkuß« im Hochsommer in Groß-Falkenau war der Beginn einer großen Liebe, die 1944 endgültig in unsere Ehe mündete.

Ein kleiner Held

Zu dem Sommerfreuden in Groß-Falkenau in unserer Jugendzeit gehörte auch ein Zirkusbesuch. Wieder waren wir Geschwister mit Vettern und Cousinen sowie Kindern der Freunde unserer Eltern während der Sommertage versammelt.

Ende Juni kamen plötzlich – aber wir hatten das schon erwartet – kleine schnelle Wagen, vor denen Schecken gespannt waren, bei uns zu Hause vorbei, und an der Kleidung und am Geschirr der Pferde erkannten wir sofort, daß dies die Abgesandten vom Zirkus Brumbach waren, der in Deutsch Eylau seine Zelte aufgeschlagen hatte. Bevor die Vorstellungen begannen, zogen die Zirkusleute über Land und klopften an die Türen der Gutshäuser.

Es ging ihnen um die Beschaffung von Futter, also Heu und Hafer für die Pferde und für das andere Getier im Zirkus. Nie klopften sie vergebens an. Meine Mutter, als passionierte Reiterin, sagte sofort: »Der Zirkus muß Futter kriegen, und das Haarfell kann nur leuchten, wenn die Pferde genügend Hafer bekommen.« Mein Vater war selbstverständlich mit dieser Spende einverstanden, und der Zirkus ließ sich auch nicht lumpen. Für das erhaltene Futter gab er Freikarten zur Zirkusvorstellung aus, natürlich auf den ersten Rängen.

Wir konnten den Tag des Zirkusbesuchs kaum erwarten, doch am Vormittag mußten wir zunächst in den Wald und Pilze suchen, ebenso Walderdbeeren und Heidelbeeren. Das war manchmal eine mühevolle Arbeit, aber was machte das schon. Wenn viele kleine Helfer beieinander sind, kommt schon in kurzer Zeit auch eine Menge zusammen. Zur Mittagszeit kamen wir dann mit unseren Früchten des Waldes nach Hause, und dann begann am frühen Nachmittag im Kutschwagen die Fahrt nach Deutsch Eylau zur Zirkusvorstellung. Für uns Kinder war das Zwei- oder Dreimastzelt schon etwas ganz Besonderes. Das Fluidum um den Zirkus herum, einschließlich des Geruchs der Tiere, war faszinierend. Eine in ein Glitzergewand gekleidete Zirkusdame führte uns auf unsere Plätze und weiß Gott, in der ersten Reihe unmittelbar am Manegenrand. Die Vorstellung begann mit Pferdedressuren aller Art, und die im Zirkus anwesende Landbevölkerung beurteilte fachmännisch die Zäumung und die Sattelung und natürlich auch den Sitz des Reiters oder der Reiterin. Dann folgten Einlagen mit den Clowns, die wir niemals missen mochten und besonders lustig fanden.

Dann kamen die Löwen im eisernen Käfig, ihr Fauchen war atemberaubend, gottlob waren sie hinter Gittern. Aber dann kam eine Vorführung mit den Elefanten. Zunächst trotteten sie seelenruhig durch die Manege, machten ihre Kehrtwendung und ließen auch junge Zirkusdamen aufsitzen, die sie mit dem Rüssel auf ihren Buckel hoben. Das war schon ziemlich aufregend. Aber plötzlich setzte sich ein Elefant auf den Manegenrand, man glaubte eine riesengroße graue Mauer vor sich zu haben, und vor lauter Furcht und Schrecken flohen die älteren Tanten aus der ersten Reihe nach oben in die Tribüne, weil sie Angst hatten, der Elefant könnte sie bei der geringsten Bewegung erdrücken. Es hätte leicht eine Panik geben können, aber dem war nicht so. Unbeeindruckt von der riesengroßen grauen Elefantenmasse blieb der siebenjährige kleine Bruder von Traudel auf seinem Platz sitzen. Links und rechts von ihm leere Stühle, von all denen, die meinten, sich in Sicherheit bringen zu müssen. Dieser kleine Kerl hielt tapfer seinen Platz besetzt, und zum Lohn wurde ihm von einer Zirkusdame ein Eis gebracht. Der Zirkus jubelte. Der kleine Justus wußte gar nicht, warum, aber als alle ihm gratulierten, daß er tapfer sitzen geblieben war, fand er das auch sehr gut, vor allem, als ein Besucher sagte: »Du bist wirklich ein kleiner Held.«

Ein weiser Richter

»Wozu denn streiten?«

Dies war ein oft gebrauchter Satz von unseren Leuten in West- und Ostpreußen. Er beweist, daß unsere Menschen, die dort lebten, im Grunde genommen nicht streitsüchtig waren, sondern friedlich nebeneinander lebten und arbeiteten.

Aber dann kam eines Tages doch eine schwere Auseinandersetzung im Gutsdorf Rasenfeld, das zu Groß-Falkenau gehörte, auf. Was war geschehen?

Die Leute waren an einem sonnigen Spätherbsttag auf den Feldern und buddelten Kartoffeln aus. Zurück auf dem Hof blieben der achtzehnjährige Paul und ein junges Mädchen, die Emma Müller. Paul war damit beschäftigt, auf dem Heuboden über den Pferdeställen große Bündel zu schnüren für die am Abend heimkehrenden Gespanne. Emma, die an der Schrotmühle tätig war für das Schweinefutter, fegte, als sie damit fertig war, das Pflaster vor den Pferdeställen. Als Paul auch seine Heubündel zusammengebracht hatte, rief er der Emma zu: »Eigentlich könnten wir uns jetzt etwas verruhen.«

Emma war auch dieser Meinung, kletterte die Leiter zum Heuboden hinauf, und jetzt frönten die beiden der Ruhe. Sie hatten aber die Rechnung ohne den Wirt gemacht, denn unbemerkt hatte sich ein dreizehnjähriger Lausbub oder, wie unsere Leute sagten, »Hundskret«, unbemerkt an einer anderen Stelle auf den Heuboden geschlichen und sich versteckt. Er hatte nichts Eiligeres zu tun, als eine Stunde später zur Mutter der Emma zu laufen und ihr zu erzählen, was Paul und Emma sich im Heu zu sagen hatten. Dabei sagte Frau Müller: »Das ist ja Vergewaltigung, und die Emma ist noch nicht sechzehn Jahre alt. Jetzt werde ich ihn vor Gericht anzeigen.«

Als die Leute abends nach Hause in ihre Wohnungen kamen, erfuhr auch der Vater von Emma, was geschehen war, und schimpfte und fluchte in seiner Art. Er sagte Dinge wie: »Wenn der Paul vor unsere Wohnung kommt, spalte ich ihm mit der Axt den Schädel«, und seine Frau fügte hinzu: »Ich fahre ihm mit dem glühenden Schürhaken in den Hintern.« Paul fochten diese Drohungen nicht so an als der Spott, der sich jetzt im ganzen Gutsdorf über ihn ergoß. Wie konnte dieser Damlak (Dummkopf) sich nur erwischen lassen? Andere wieder schimpften auf den »Verräter«, und so kam es, daß der bis dahin so einträchtige Gutsdorffrieden deswegen in höchste Gefahr geriet, weil sich unter den Instmannsfamilien – so hießen unsere Arbeiterfamilien – wenigstens zwei Parteien herausbildeten. Die einen hielten zum Paul, die anderen zur Emma. Zum »Verräter« bekannte sich niemand, weil seine Tat mehr als Lausbubenstreich angesehen wurde. Alle Versuche meines Vaters in Groß-Falkenau und seines Oberinspektors in Rasenfeld, den Frieden wiederherzustellen, schlugen fehl; im Gegenteil, die Lage wurde insofern ernster, als daß die Leute, in Parteien gespalten, auf dem Feld nicht mehr zusammenarbeiten wollten. Inzwischen war auch die Anzeige von Emmas Eltern beim Amtsgericht in der Kreisstadt Rosenberg eingegangen, was die Lage verschlimmerte: Dem Paul drohte wegen Verführung Minderjähriger – Emma fehlten noch drei Monate bis zum sechzehnten Lebensjahr – eine Gefängnisstrafe. Um die Sache möglichst rasch zu Ende zu bringen, fuhr mein Vater nach Rosenberg zum Amtsrichter v. W., ein wie im Buche stehender souveräner Amtsrichter. Mein Vater bat, die anhängige Sache sobald wie möglich zu Ende zu bringen, damit auf Gut Rasenfeld mit seinen etwa zehn Familien wieder Friede einkehrte.

Der Tag der Gerichtsverhandlung kam heran. Als Beisitzer hatte der Amtsrichter den Hofmeister Kalinna vom Gut Rasenfeld und einen älteren Beamten aus der Kreisverwaltung Rosenberg bestellt. Auf dem Anklagestuhl saß der Paul, hinter ihm die Emma als Zeugin und, etwas abgesetzt, die klagenden Eltern von Emma.

Der Amtsrichter wandte sich zunächst an den Paul und sagte: »Jetzt erzählen Sie mir, wie alles gekommen ist.« Wahrheitsgemäß berichtete der Paul, daß er nach Fertigstellung der Heubunde der Emma unten zugerufen hätte:

»Man könnt sich ja jetzt ein bißchen verruhen!« – »Ja«, fuhr er fort, »und dann haben wir eine Viertelstunde ausgeruht und dann kam's über mir.«

Emma rief gleich hinterher: »Bei mich dasselbige«, und als Paul erzählen wollte, wie die Geschichte weiter verlief, sagte der Amtsrichter: »Schluß, ich weiß genug, mehr will ich nicht wissen.« Er fragte den Paul aber dann doch, ob er gewußt hätte, wie alt die Emma sei.

Paul ganz ruhig: »Das wees ich nicht.«

Der Richter: »Sie müssen doch aber wissen, wann die Emma Geburtstag hat, feiert ihr denn nicht Geburtstag?«

»Nein«, sagte Paul, »wir feiern nicht Geburtstag, da hätten wir bei den vielen jungen Leut viel zu tun. Geburtstag feiern nur die alten Leut, wenn sie nullern.«

»So, so«, sagte der Amtsrichter, »das ist mir neu.«

Aber der Beisitzer, Hofmeister Kalinna, fügte hinzu: »Das ist schon richtig.«

Der Amtsrichter sah keine Notwendigkeit weiterzufragen, wandte sich allerdings an die klagenden Eltern und wollte nur wissen, ob die Drohung mit der Schädelspaltung durch die Axt und mit dem glühenden Schürhaken im Hintern zutreffend gewesen sei. Das bestätigten beide und fügten noch hinzu: »Was sollten wir denn machen?«

Amtsrichter v. W. zog sich mit seinen Beisitzern zur Beratung zurück, und im engsten Kreis fragte er nur: »Was sollen wir denn jetzt machen?«

Der eine Beisitzer von der Kreisverwaltung sagte: »Es bleibt nichts übrig, der Kerl muß ins Gefängnis, so sieht das Gesetz es vor«, der andere, Hofmeister Kalinna, meinte: »Um Gottes willen, bloß kein Gefängnis, dann bleibt Pauls Familie nicht mehr in Rasenfeld, und das wäre ein großer Verlust.«

Der Amtsrichter nickte und sagte: »Was würden Sie denn vorschlagen?«

Und Kalinna hob an, das Wohl und das Weh des Gutes und des Gutsdorfes im Auge behaltend: »Wissen Sie, Herr Amtsrichter, hinter unserem Jungviehstall haben wir einen großen Haufen Steine liegen, die jährlich von den Feldern abgesammelt werden, die müssen zerkloppt werden, damit wir unsere Straße zur Bahnstation Charlottenwerder wieder in Ordnung bringen können.«

Der Amtsrichter: »Das muß doch das Landratsamt machen.«

Darauf Kalinna: »Die versprechen das immer wieder und tun tun sie nuscht. – Ich schlage vor«, so Kalinna, »kein Gefängnis, aber eine schwere Buße.«

»Und die wäre?« fragte der Amtsrichter. »Der Paul muß an vier Sonntagen je drei Stunden Steine kloppen, damit wir die Straße wieder in Ordnung bringen. Das ist eine schwere Arbeit und besser als im Gefängnis herumsitzen«, fügte er hinzu.

Und der Richter sagte dann nur: »Und wer kontrolliert diese Arbeit?«

Kalinna im Brustton der Überzeugung: »Das mach ich.«

Der Richter: »Kann ich mich darauf verlassen?«

Kalinna meinte: »Aber ganz bestimmt, Herr Amtsrichter, ich habe doch bei den Graudenzer Jägern gedient und das war ein gutes Regiment.«

Der Amtsrichter nickte, und Kalinna wollte gerade den ganzen Feldzug seines Regiments von 1914 bis 1918 vortragen, als der Richter abwinkte: »Dazu haben wir jetzt keine Zeit, es fällt mir ja schwer, keine Gefängnisstrafe zu verhängen, wie das Gesetz es vorsieht. Immerhin ist die Emma noch so jung!«

Darauf Kalinna: »Das macht doch nuscht, wozu denn streiten?«

Der Herr Amtsrichter war klug und weise. Mit der von ihm verhängten Buße war für ihn der Fall erledigt. Hofmeister Kalinna hatte ihm nach besten Kräften »beigesessen«, denn was hatte man erreicht?

Paul wurde nicht mit Gefängnis bestraft. Steine kloppen war weiß Gott nicht ehrenrührig. Die Familie von Paul zog nicht weg und blieb dem Gut erhalten. Der Dorfgutsfriede war fortan wieder hergestellt. Die Straße nach Charlottenwerder, dank des von Paul geschlagenen Schotters, war auch repariert worden. Emma und Paul heirateten bald, und der Junge, der ihnen nach einiger Zeit geboren wurde, konnte – so Hofmeister Kalinna – in fünfzehn Jahren junger Knecht im Pferdestall von Rasenfeld sein.

Von meinem Vater in späterer Zeit noch einmal auf die ganze Geschichte angesprochen, meinte der Richter nur lakonisch: »Man muß zur rechten Zeit nur alles richtig im Kopf haben. Wie?« – Wie wahr!

Bayerische Löwen in Groß-Falkenau

Hier muß ich wegen der Zeitgeschichte etwas ausholen. Auf allen Gütern und größeren Bauernhöfen wurden in Sommer und Herbst zusätzliche Arbeitskräfte benötigt. Weil die Mechanisierung in der Landwirtschaft in den zwanziger Jahren noch weit zurücklag, benötigten die großen und mittleren Betriebe zusätzliche Arbeitskräfte. Diese konnten aus dem eigenen Land nicht gestellt werden. Aber jenseits der Grenze, in Polen, gab es genug Menschen, die sich wegen der miserablen wirtschaftlichen Lage in ihrer Heimat gutes Geld in Deutschland verdienen konnten. In jedem Frühjahr erschien also ein polnischer Vorarbeiter, manchmal auch Hetmann genannt, um bei den Betrieben anzufragen, wieviel Leute gebraucht würden, und wie lange sie bleiben sollten. Es folgten Vereinbarungen über Unterbringung, Bezahlung und Bereitstellung von Lebensmitteln. Da das Getreide in diesen Jahren noch oft mit der Hand gemäht wurde, war auch der Name Schnitterkolonne gebräuchlich. Bei uns zu Hause betrug die Zahl der Fremdarbeiter fünfzehn bis zwanzig Köpfe, und zwar junge Frauen und Männer gemischt. Vielfach wurden diese Gruppen auch Saisonarbeiter genannt. Eine ältere Frau bekochte die ganze Gruppe und sorgte für Sauberkeit und Ordnung in der Unterkunft. Ansprechpartner für den Gutsherrn war der Vormann, der für die Arbeitsvorgänge, die Leistung und die Ordnung zuständig war. Das war auch deswegen notwendig, weil diese Saisonarbeiter nicht oder nur unvollständig die deutsche Sprache beherrschten. Umgekehrt war es genauso, unsere einheimischen Gutsfamilien sprachen in der Regel kein Polnisch. Dieser Arbeitseinsatz der Saisonarbeiter hatte sich gut eingespielt und verlief in den zwanziger Jahren reibungslos. Unser Vater und unsere Mutter sowie der Verwalter des Gutes sprachen oft mit dem Vormann und schauten auch in der Unterkunft nach dem Rechten. Kleine Sonderwünsche wurden erfüllt und unbedeutende Mißhelligkeiten auf der Stelle beseitigt. Die Arbeitskräfte selbst waren mit den landwirtschaftlichen Arbeiten in der Getreide-, Kartoffeln- und Rübenernte bestens vertraut und außerordentlich tüchtig. Den Lohn, den sie im Herbst in ihre Heimat zurückbrachten, half ihnen dort über mancherlei wirtschaftliche Engpässe hinweg. Sie freuten sich vor allem, daß sie im nächsten Jahr wiederkommen konnten.

Doch die Verhältnisse änderten sich. Als zu Beginn der dreißiger Jahre die Weltwirtschaftskrise auch nach Deutschland und damit auch nach Ost- und Westpreußen überschwappte und die Zahl der Arbeitslosen ruckartig anstieg, ordnete die Regierung in Berlin an, daß keine ausländischen Arbeitskräfte mehr angefordert und eingesetzt werden dürften. Die zusätzlich gebrauchten Arbeiter sollten sich aus den Zentren der Arbeitslosigkeit rekrutieren. Das betraf uns in Groß-Falkenau auch. Fortan waren die Arbeitsämter gehalten, Arbeitslose aus der Industrie in der Landwirtschaft unterzubringen. Das war für die ländlichen Betriebe eine schwere Hypothek. Arbeitslose, die uns aus der Industriestadt Elbing zugeführt wurden, waren mit landwirtschaftlichen Arbeiten gar nicht oder kaum vertraut. Ihr Arbeitsplatz in der Schichauwerft, in der Lastwagenfabrik Komnik und in der Tabakfabrik Loeser & Wolff war ein ganz anderer als die Arbeit auf den Feldern. Aber was half's, Güter und Bauernhöfe mußten diese Leute einstellen. Kein Wunder, daß es zwischen ihnen und den einheimischen Leuten ständig zu Reibereien kam.

Auf dem Felde blieben im Arbeitstempo die »Elbinger« immer hinter den eigenen Leuten zurück. Der eine klagte über Schmerzen in den Beinen, der andere über Entzündungen in der Schulter und in Armen, kurzum, sie waren lustlos und mäkelten auch an dem für sie gekochten Essen herum. Das alles führte zu Spannungen, die die Gutsführung kaum ausgleichen konnte.

So kam, was kommen mußte. An einem wunderschönen Sonntag im Spätherbst befand sich die Viehherde, von etwa einhundert Stück, auf einem zweieinhalb Kilometer weit entfernten Stoppelfeld, um den nachwachsenden Grünklee abzuweiden. Die Herde wurde am frühen Nachmittag nicht zum Melken in den Stall getrieben, sondern auf dem Feld gemolken. Die Milch kam in große Zwanzigliterkannen, die auf den Milchwagen geladen wurden, und zu Hause in eine große zementierte Kühlwanne umgefüllt wurden. Von dort wurde die Milch am nächsten Tag zur Molkerei nach Sommerau gefahren. Als an diesem Nachmittag gegen fünf Uhr der Milchwagen in den Weg zum Gutshof einbog, fielen etwa zwölf »Elbinger« den Pferden in die Zügel, brachten den Wagen zum Stehen und schickten sich an, die Milchkannen vom Wagen zu werfen.

Die vier Unterschweizer, die mit auf dem Wagen saßen, waren zunächst überrascht und verdutzt. Alle vier waren Söhne des Oberschweizers Rottach, der nach dem Ersten Weltkrieg aus der Gegend Schliersee/Miesbach nach Ostpreußen gekommen war. Die Familie war groß, Mutter Kreszentia hatte achtzehn Kinder zur Welt gebracht. Die ältesten Söhne arbeiteten mit dem Vater zusammen im großen Kuhstall. Alle waren stämmige Burschen, die sich so leicht nicht ins Bockshorn jagen ließen. Nachdem der erste Schreck überwunden war, und die »Elbinger« laut »Rotfront« riefen, als sie die Kannen vom Wagen stürzen wollten, sprangen die vier vom Wagen, rissen vom Zaun des Apfelgartens die Holzlatten ab und gingen nun mit großem Gebrüll gegen die Spitzbuben vor. Die Latten, zum Teil morsch, zerbrachen an den Köpfen und Rücken der Gegner: eine wilde Schlägerei, die aber mit der Flucht der »Elbinger« in ihre Unterkunft ein jähes Ende fand. Der inzwischen aus dem Nachbarort Charlottenwerder herbeigerufene Gendarm konnte nur noch ein Protokoll über das Geschehene aufnehmen. Die Schuldfrage war relativ eindeutig. Die »Elbinger« verteidigten sich jedoch mit der Aussage, daß die vier Schweizersöhne wie die Löwen auf sie eingestürmt seien und sie sich nur schwer vor der Wut und dem Zorn der Melkerburschen hätten retten können. Der Gendarm, der die Sachlage kannte, konnte an dem Vorgang nichts mehr ändern, ermahnte bei seinem Verhör jedoch beide Seiten, den Krawall nicht fortzusetzen. Die Blessuren, die die »Löwen« davongetragen hatten, wurden im Gutshaus behandelt, die »Elbinger« lehnten jegliche Hilfe ab. Als es dunkel wurde, zogen sie mit Sack und Pack zum Bahnhof und fuhren in ihre Heimatstadt zurück. Die Bilanz: Zweihundert Liter Milch waren vor Zerstörung gerettet, gleichzeitig aber waren zwölf »Arbeitskräfte« dem Betrieb abhanden gekommen.

Das Arbeitsamt hat nie wieder Elbinger Arbeitslose nach Groß-Falkenau geschickt. Der Vater Rottach, von meinem Vater für die Tatkraft seiner Söhne besonders gelobt, erklärte lakonisch: »In Bayern san's die Löwen aus Stoan, in Groß-Falkenau aber lebendig.«

Und wenn ich heute in meiner neuen bayerischen Heimat in Dörfern und Städten überall die steinernen Löwen sehe, muß ich immer wieder an die lebendigen Johann, Josef, Franz und Karl Rottach bei uns zu Hause denken, die in einem kritischen Moment voll hinter ihrer Gutsherrschaft standen.

Sparzwang

Anfang der dreißiger Jahre verschlechterte sich die wirtschaftliche Lage nicht nur in der Industrie, sondern auch in der Landwirtschaft. Der Preisverfall aller landwirtschaftlichen Produkte war enorm, so daß die Güter und Bauernhöfe in allergrößte Schwierigkeiten gerieten. Dieser Situation konnte nur durch eisernes Sparen entgegengetreten werden, wenn man nicht unter den Hammer kommen wollte. So war es auch in Groß-Falkenau. Mein Vater hatte den Ehrgeiz, auf sich selbst gestellt den Großbetrieb über Wasser zu halten, keine Leute zu entlassen und auch keine staatlichen Gelder aus der Osthilfe anzunehmen. Einzig die Gärtnerstelle wurde aufgehoben, weil der Gärtner von sich aus auf einem anderen Gutshof eine Stelle angenommen hatte. Zu den Sparmaßnahmen auf Groß-Falkenau gehörte unter anderem die Stillegung und Abmeldung des Autos, das Abschalten des elektrischen Lichtes im Herrenhaus, in allen Viehställen, wie Pferde-, Kuh- und Schweineställen. Statt dessen wurden wieder die alten Petroleumlampen in Gang gebracht. Auch der Elektromotor für den Dreschkasten sowie für andere Maschinen wurde stillgelegt, weil damals die Kilowattstunde Strom in Ost- und Westpreußen 55 Pfennig kostete, ein enorm hoher Preis gegenüber den damaligen Einnahmen. Kein Wunder, wenn in unserer Familie und bei den für uns tätigen Menschen das Wort »Sparen« ganz hoch oben stand. Auch wir Kinder wurden von dieser Situation voll erfaßt.

So kam es eines Tages zu folgender kleinen lustigen Begebenheit: Meine kleine Schwester, zu dieser Zeit etwa neun Jahre alt, befand sich auf dem Örtchen, von dem wir immer sagten, es sei eins, wo der Kaiser zu Fuß hingeht. Plötzlich stellte sie fest, daß es an dem notwendigen Toilettenpapier mangelte. Der jüngste Bruder, damals knapp vier, kam zufälligerweise am Vorraum, in dem auch die Garderobe war, vorbei, und sie rief ihm zu: »Bubi, du mußt mir noch Papier holen, hier ist keines.«

Der machte sich auf den Weg zur Personaltoilette, um seiner Schwester zu helfen, riß ein Blatt ab und schob es ihr unter der Tür durch. Sie rief entsetzt: »Das reicht nicht, ich brauche noch etwas mehr!« Darauf holte er erneut ein einziges Blatt, schob es wieder unter der Tür durch und sagte: »Mehr kriegst du nicht, da kannst du machen, was du willst. Der Vati hat gesagt, wir müssen sparen, sonst ist Falkenau für uns verloren.«

Nichts Schlimmeres hätte uns allen widerfahren können. Die Eltern haben trotz aller Sorgen damals sehr viel gelacht.

Verfehlte Kosmetik

Eines unserer Küchenmädchen, Grete, hatte sich eines schönen Tages auf einem Feuerwehrball im Nachbarort Charlottenwerder grenzenlos in einen Soldaten unseres Regiments in Deutsch Eylau verliebt. Zunächst hielt sie das allen gegenüber im Haus geheim. Dann aber erschien der Angebetete eines Tages in der Küche des Gutshauses, um »Fräulein Grete« zu sprechen.

Alles kicherte und wisperte, aber Hans, so nennen wir ihn einmal, war ein netter Bursche, und wir Jungens schlossen mit ihm schnell Freundschaft, weil er uns unendlich Interessantes und Neues aus seinem Dienstleben in der Garnison berichtete. Damit seine Grete etwas früher von der Arbeit frei wurde, half er ihr im Holzstall Späne machen, die im großen Herd in der Gutsküche gebraucht wurden.

Plötzlich kam die Grete völlig blutverschmiert im Gesicht in die Küche zurück. Die Mamsell, die dort die Aufsicht führte, rief: »Um Gottes willen, was ist denn passiert?« Die Antwort war schnell gefunden: Hans hatte sie umarmen wollen und um ihm auszuweichen, hatte sie den Kopf zurückgeworfen, und Hans erwischte nur noch das Ohr. Dabei riß er ihr den Ohrring aus dem Ohrläppchen. Dieses Mißgeschick konnte schnell beseitigt und behoben werden. Etwas bedrückt fuhr er mit seinem Fahrrad wieder nach Deutsch Eylau und kündigte für das nächste Wochenende erneut seinen Besuch an.

Die Grete gab nicht auf, verzieh ihm die Verletzung am Ohr und sann darauf, dem Hans bei seinem angekündigten Besuch besonders zu gefallen. Irgend jemand hatte ihr gesagt, sie müsse sich ihre hellen Augenbrauen schwarz färben. Die Frage war für sie nur, wie und auf welchem Wege. In einer Schublade fand sie einen Stift, der an seinem Ende schwarz war, und damit strich sie jetzt die Augenbrauen an. Sie hatte jedoch übersehen, daß dieser Stift zur Beseitigung von Warzen gedacht war. Nach gar nicht langer Zeit schwoll die Augenpartie gewaltig an, alle Brauenhaare gingen aus und sie mußte zum Arzt, der die verletzten Stellen mit dicker weißer Salbe bestrich.

Jetzt sah sie aus wie ein Clown, hatte Schmerzen und war todunglücklich. Doch der Hans, der am Samstag wiederkam, war zwar vom Anblick seiner lieben Grete zutiefst erschrocken, meinte dann aber, bis zum nächsten Feuerwehrball sei alles wieder in Ordnung. In der Küche aber sagten die anderen Mädchen, die der Grete den Hans neideten: »Wer schön sein will, muß leiden – und wenn mit dem Warzenstift!«

Die verräterische Garderobenmarke

Immer, wenn die große Getreideernte eingebracht war und die Kartoffel- und Rübenernte noch bevorstand, nutzten die Eltern die Zwischenzeit, um sich von der doch anstrengenden Tages- und Jahresarbeit für zwei Wochen in Wiesbaden oder in Bayern zu erholen.

Wir waren inzwischen älter geworden, und das bedeutete, daß im Haus für uns wie für das Personal und den geregelten Tagesablauf eine Aufsichts- beziehungsweise Respektsperson herangeholt werden mußte. Diese Aufgabe fiel vorrangig unserer Mutter zu. Sie fand keine Bessere und Zuverlässigere als die Pfarrersfrau aus unserem Kirchspiel Sommerau. Die fünf Kinder der Pfarrfamilie Bamberg waren schon aus dem Haus, Frau Pfarrer Bamberg kannte sich also in der Betreuung heranwachsender Kinder aus und zudem war sie auch mit allen landwirtschaftlichen Dingen vertraut, weil die Pfarrherren in unserem Lande damals selbst auch Grund und Boden sowie eine Menge Viehzeug zu versorgen hatten. Mit allen guten Wünschen für ihre Aufgaben im Gutshaus und nachhaltigen Ermahnungen an uns Kinder, Frau Bamberg das Leben nicht zu erschweren, traten meine Eltern die Reise an. Das war für uns nichts Ungewöhnliches und schon einige Male erprobt.

Eines Tages passierte nun folgendes: Mein Bruder Egon und meine Schwester Felicitas erklärten Frau Pfarrer Bamberg, daß sie heute nicht mit ihrem gewohnten Schülerzug um zwei Uhr nach Hause kommen würden, sondern erst mit dem Abendzug. Mein Bruder sagte, er müsse noch Nachhilfestunden für Latein nehmen und meine Schwester erklärte, sie hätte Klavierstunden und müsse dort lange üben. Frau Pfarrer Bamberg akzeptierte diese Erklärung und sagte nur, sie sollten nur ja nicht den Abendzug verpassen. Sie kamen auch zur angesagten Zeit nach Hause zurück und wurden freudig von Frau Bamberg empfangen. Sie fragte nur: »Wie war's denn, Kinder?«

Mein Bruder Egon holte weit aus und erzählte, was er alles im Lateinunterricht bei dem Nachhilfelehrer Dorow hätte lernen müssen, schließlich stünde ja in den nächsten Tagen eine schwere Lateinarbeit an. Stundenlang hätte er Vokabeln abgefragt und den Akkusativ cum Infinitiv mit ihm geübt. Das hätte den ganzen Nachmittag ausgemacht.

Und zu meiner Schwester gewandt, fragte Frau Bamberg: »Und was hast du gemacht?«

»Ich habe den ganzen Nachmittag Klavier spielen müssen, nicht nur den Flohwalzer, sondern auch das Forellenquintett und andere Sachen, das war ziemlich anstrengend. Wir haben gerade noch den Abendzug erreicht.«

Über Frau Pfarrer Bambergs Gesicht huschte ein Lächeln, und sie bemerkte: »Ich hatte ja auch fünf Kinder in der Schule, und die haben auch Nachhilfestunden in Latein und Klavierstunden gehabt. Aber niemals haben der Nachhilfelehrer und die Klavierlehrerin Garderobenmarken ausgegeben; schon gar nicht vom Café Treppnau. Jetzt setzt euch mal hin, nehmt von den Mänteln die Garderobenmarken ab und dann werde ich euch etwas sagen. Ihr wißt, daß ihr mir alles sagen könnt.

Heute habt ihr mich angeschwindelt, das betrübt mich. Wenn ihr mir versprecht, das nie wieder zu tun, werde ich auch euern Eltern nichts davon erzählen.«

Die beiden Schwindler waren wie versteinert, aber die Güte der Pfarrersfrau, als sie ihnen die Hand gab, minderte sofort den Schrecken. Fortan gab es derlei Zwischenfälle nicht, und als die Eltern von ihrer Reise zurückkamen, fragten sie natürlich, ob alles gut gelaufen wäre. Frau Bamberg antwortete nur: »Wir haben uns im Hause alle gut verstanden und für mich war das eine Freude, Ihnen zur Seite gestanden zu haben.«

Wir aber konnten für uns nur sagen, eine großartige Frau, die wir in unser Herz geschlossen hatten.

Sterne über Preußen

Die Sterne über unserm Preußenland,
sie konnten nicht vertrieben werden,
ihr güldner Glanz liegt über Flur und Sand
wenn wir's verdient, zu unser'n Ehren.

Wo wir auch sind in aller Welt,
sie weichen nie von unserer Seite,
und stillen Sehnsucht ohn' Entgelt
in aller Erdenweite.

Vom Memelstrom bis Oderstrand,
sie halten ewig treue Wacht.
Dafür gebührt ihnen tiefster Dank,
bis unser Leben ist vollbracht.

Wir können es drehen, wie wir wollen,
die Heimat bleibt in unsern Herzen.
Mögen Zeitgeistleute noch so grollen,
was wissen die von unsern Schmerzen.

Erinnerungen heut' sind unser Gold,
niemandes Hand kann sie uns rauben.
Wir stehen allein in Gottes Schuld,
auf diese Felsen laßt uns bauen.

Heute – morgen – alle Zeit,
bis uns die Sterne rufen: Seid bereit!

Udo Ritgen

Bitte beachten Sie
die folgenden Seiten

320 S., ISBN 3-7766-2118-4

Rotraud Schöne

Lebendige und berührende Zeitgeschichte

Die eindrucksvolle Schilderung eines schlesischen Schicksals von den Nachkriegsjahren bis heute. Rotraud Schöne läßt den Leser an einem Teil ihrer eigenen Vergangenheit teilhaben, die zugleich ein bewegendes Stück Zeitgeschichte ist.

Herbig